重庆人文科技学院课堂教学改革示范案例集

王 璐　王改改　陈滢生　主编

西南大学出版社
国家一级出版社 全国百佳图书出版单位

图书在版编目(CIP)数据

重庆人文科技学院课堂教学改革示范案例集/王璐，王改改，陈滢生主编. -- 重庆：西南大学出版社，2024.1
ISBN 978-7-5697-2015-0

Ⅰ.①重… Ⅱ.①王… ②王… ③陈… Ⅲ.①课堂教学—教案(教育)—高等学校 Ⅳ.①G642.421

中国国家版本馆CIP数据核字(2023)第230482号

重庆人文科技学院课堂教学改革示范案例集
CHONGQING RENWEN KEJI XUEYUAN KETANG JIAOXUE GAIGE SHIFAN ANLI JI

王 璐 王改改 陈滢生 主编

责任编辑｜雷 兮
责任校对｜郑先俐
装帧设计｜闽江文化
排 版｜吴秀琴
出版发行｜西南大学出版社(原西南师范大学出版社)
　　　　　地址：重庆市北碚区天生路2号
　　　　　邮编：400715
　　　　　电话：023-68254356(高等教育分社) 023-68868624(市场营销部)
印 刷｜重庆亘鑫印务有限公司
成品尺寸｜185mm×260mm
印 张｜10.75
字 数｜250千字
版 次｜2024年1月 第1版
印 次｜2024年1月 第1次印刷
书 号｜ISBN 978-7-5697-2015-0
定 价｜78.00元

序

近年来，混合式教学设计被广泛应用于教学改革中，教育部副部长吴岩提出混合式教学要成为高等教育教学新常态。重庆人文科技学院深入实施"以人为本，质量立校，特色兴校，人才强校"的发展战略，鼓励教师进行课堂教学改革，以学生为中心，提高教学质量。本书优选了重庆人文科技学院课堂教学改革示范案例，为各位开展课堂教学改革的同行们提供经验！

本案例集，开篇结合马克思主义基本原理这一重点与难点课程，介绍思政课程如何与课程思政"双向奔赴"，尤其是针对不同专业大类的学生。形势与政策课程则针对本校教学出现的问题，从具体实践出发，进行教改，其中，以专业为导向的教学分类（差异化）考核方式，将全校46个本科专业划分为4大类进行考核，值得借鉴。同时，学校通过资源平台的共享，实现了育人与育才相结合——学前教育学课程建设了课程资源库和习题库；初级口语课程设置了多层评价机制；高等数学这类高度抽象性课程如何激发学生的学习兴趣成为难点，俞兴木老师借助《庄子·天下篇》和刘徽"割圆术"导入课程，让学生印象深刻的同时，也激发其文化自信。老牌专业课文艺作品演播创新了"课内+课外，课程+社团"的组合式授课模式，实现了共享式、协作式课程运行模式，亦可推广运用到其他实践课程。本案例集的其他示范案例，各有特色和亮点，不再赘述。

这本课堂教学改革示范案例集，凝聚了重庆人文科技学院教师们教学改革的经验与智慧，教师们将新的教育技术、教学方法、教学内容等，大刀阔斧地运用到自己的课程教学中，不断迭代、改进、优化、提高，认真践行陶行知教育思想。"教学改革改到深处是课程，改到痛处是教师"，感谢教师们的辛苦付出与无私分享精神，以飨读者。

余建波

目录 CONTENTS

001……马克思主义基本原理
007……形势与政策
012……政治学
016……宪法学
019……学前儿童社会教育
024……学前教育学
028……学前教育史
034……心理学基础
038……幼儿园环境创设
041……幼儿园戏剧活动
045……课堂教学技能训练
049……宋元文学
053……初级口语
060……中学英语课程标准与教学设计
068……基础会计
078……社会心理学
082……酒店运营综合实训

086……数学建模

091……工程图学

097……高等数学

106……现代教育技术应用

109……室内软装设计

112……插花艺术

119……公共空间设计

129……生物化学

133……钢琴

136……音乐电视制作

144……舞蹈作品欣赏与分析

153……影视剧作

157……文艺作品演播

161……剧本片段排演Ⅰ

马克思主义基本原理

课程负责人｜郑力源

一、课程总体教学目标

本课程以立德树人为根本目标，对学生进行系统的马克思主义基本立场、基本观点、基本方法的教育，旨在提升学生马克思主义的理论素养，感悟马克思主义真理的力量，把思想伟力转化为实践的动力，从而培养社会主义建设者和接班人，把新时代中国特色社会主义不断推向前进。

（一）工程类

在课程教学中立足我国改革建设和发展实际，把马克思主义的基本立场、基本观点、基本方法的教育与科学精神的培养紧密结合起来，旨在提高学生正确认识问题、分析问题和解决问题的能力，培养学生精益求精的大国工匠精神，激发学生科技报国的家国情怀和使命担当。

（二）师范类

在课程教学中注重加强师德师风教育，引导学生树立学为人师、行为世范的职业理想，培育爱国守法、规范从教的职业操守，培养学生的传道情怀、授业底蕴、解惑能力，让其争做有理想信念、有道德情操、有扎实学识、有仁爱之心的"四有"好老师，坚定不移地走中国特色社会主义教育发展道路。

(三)其他专业

旨在引导学生树立科学的世界观、人生观和价值观,将个人理想与中国特色社会主义共同理想及共产主义的远大理想有机联系起来,自觉担负起实现民族复兴、国家富强、人民幸福的中国梦的光荣使命,自觉投入中国特色社会主义事业的建设中去。

二、课堂教学改革的主要内容

(一)课堂教学改革方向

1. 坚持守正创新

守正创新是马克思主义创新发展的重要原则,也是马克思主义理论教育的重要原则。既要保持马克思主义基本原理内容体系的完整性、稳定性,又要体现马克思主义中国化时代化的要求,特别是融入习近平新时代中国特色社会主义思想对马克思主义基本原理的原创性贡献。

2. 坚持先学后教

马克思主义基本原理课教师首先要以高度的政治自觉,系统深入地学习马克思主义理论体系,掌握丰富内容,吃透精神实质,为实现有机融入打好基础。其次,突出问题意识,引导学生关注时事热点,增强教学的时代性,将马克思主义原理知识与习近平新时代中国特色社会主义思想贯通起来学习,学懂、弄通、悟透。

3. 坚持全面性和重点性相结合

既要全面体现立德树人精神,又要结合课程特点突出重点,以增强融入的针对性和实效性。在融入过程中,要结合学术研究,加强理论阐释,避免简单生硬,努力实现有机融入、深度融入、创造性融入。

4. 坚持内容融入与精神涵养相统一

教师不仅要实现课程内容的融入,还要发挥民族精神和时代精神的涵养作用。在融入过程中,要充分展现中国共产党百年奋斗的豪迈气概和主动精神,将历史自信和理论自信讲出来,将志气、骨气、底气讲出来,增强对当代大学生的精神感召力。

(二)课堂教学改革情况

基于本课程特点,构建线上线下混合式教学模式,主要采取"三课、三有、四真",在提前准备中预习,在实践演练中体会,在交流研讨中拓展,在是非争辩中升华,实现思政课程与课程思政"双向奔赴"。

1.课堂教学"课前、课中、课后"全过程育人

课前,为培养学生自主探究、独立思考的能力,激发学生学习的兴趣,教师可借助网络资源和教学平台,通过明确学习目标、发布任务、设置讨论话题、进行小组讨论方式等,重点对即将开展的教学内容进行启发引导。

课中,教师采用专题教学方法,详细设计知识点或技能点所蕴含的思政元素,搜集典型素材,设计课程思政的实施途径,将价值塑造潜移默化地融入教学。重点融入习近平新时代中国特色社会主义思想的重大创新对马克思主义做出的原创性贡献,及其在马克思主义发展史上的重要地位和重要意义。

课后,教师借助教学平台发布作业和拓展学习资源,学生自主探究,进行知识巩固和拓展,借助超星学习通班级群进行交流。教师同时兼任学生的心灵导师,帮助学生解答困惑、疏导心理,传递正能量,做学生的良师益友。

2.深入挖掘育人元素,做到"有情感,有温度,有情怀"

用真挚的情感打动学生。教师心中要始终装着国家和人民,对马克思主义和中国特色社会主义真心信仰,对思政课真心热爱,对学生真心爱护,用真情感动学生,用高尚的人格感染学生。要做有理想信念、有道德情操、有扎实学识、有仁爱之心的"四有"好老师,不忘初心、牢记使命,真诚老实、表里如一,治学勤奋、严谨认真,教书育人、言传身教,让学生从教师的一举一动、一言一行中真切地感受到信仰的魅力、理论的魅力、知识的魅力、语言的魅力、人格的魅力。

用和煦的温度温暖学生。教师要把思政课讲得有温度,不能是填鸭式的灌输,而应在互动交流中激发思想的火花、引起学生心灵的共鸣,学生才能在思想和心灵上有所触动、有所感悟、有所提升。要坚持以学生为中心,发挥学生的主体作用,运用小组研学、情景展示、课题研讨、课堂辩论等多种方式,让学生感悟思政课的思想深邃、理论深刻、知识广博和文化魅力。

用深厚的情怀感染学生。思政课教师要有深沉的家国情怀,心里始终装着国家和民族,在党和人民的伟大实践中关注时代、关注社会,汲取养分、丰富思想。也要有坚定的传道情怀,对马克思主义理论教育事业投入真情实感,对思

政课教育教学有执着追求。还要有仁爱情怀,把对国家的爱、对教育的爱、对学生的爱融为一体,心中始终为学生着想、为教育思索、为国家和民族的未来发展竭尽全力。

3.以学生为主体,引导学生"真学、真懂、真信、真用"

引导学生真学马克思主义理论。学习马克思主义基本理论是青年学生的必修课,也是贯彻立德树人根本任务的基础。帮助学生理解掌握马克思主义基本原理的有关理论,包括对马克思主义整体性,辩证唯物主义,马克思主义认识论,历史唯物主义,资本主义的本质、规律及发展,科学社会主义等基本理论的理解与掌握;从总体上把握中国为什么要始终坚持马克思主义,坚持什么样的马克思主义和如何坚持马克思主义这一主题。

引导学生真懂马克思主义理论。马克思主义理论不同于一般普通理论,它在实践中不断丰富、发展,这就需要我们必须以整体的眼光、发展的观点、辩证的态度学习研究和宣传马克思主义。要紧扣教育的根本任务,全面深入推进马克思主义教育教学,推动马克思主义理论从学科体系转化为教学体系,使青年学生系统掌握马克思主义基本原理,理解马克思主义的科学性和真理性。

引导学生真信马克思主义理论。真信是把伟大思想的力量变成自己内心的力量,这就要求我们必须在深刻认识马克思主义的科学性和真理性上持续用力。通过学习马克思主义基本原理的有关理论,掌握马克思主义的基本立场、观点和方法,认同和接受马克思主义在社会主义现代化建设和社会科学中的指导地位。深刻理解马克思主义中国化的历史进程与辉煌成就,帮助学生树立马克思主义和中国特色社会主义道路自信、理论自信、制度自信、文化自信。

引导学生真用马克思主义理论。学习、体悟和信仰马克思主义的最终目的都要落在实践上,我们只有把马克思主义运用到实践之中,才能真正发挥马克思主义的价值。要引导学生走出书斋,面向社会,紧密结合我国改革、建设和发展实际,明确只有立足中国实践,才能实干兴邦,提升运用理论武器解决实际问题的能力。

(三)课堂教学改革成效

本课程注重过程性和结果性相结合的教学全过程考核,立体评价学生学习情况。学生修读课程成绩由过程性考核成绩(占比40%)和期末成绩(占比60%)综合评定。加大教学内容和教学方式改革力度,采用探究式、启发式、互动式、研讨式、混合式等教学方式,能有效提高课堂教学效果。

1. 团队合作更加密切

课程团队发动老中青年教师参与课程资源共享，包括课程教学大纲、课程教案、教学日历、课件、课程题库和超星平台网络课程资源等，告别教师"单兵作战"的情况。集思广益不仅能迸发思想的火花，还能大大减少教师的个人工作量和无意义的重复劳动，将更多的时间和精力用于立德树人的教育活动中。

2. 资源共享惠及师生

除共享课程相关教学资料外，教师还积极开展集体备课、听课、评课、赛课，对优质课程进行全程录像，并将录像提供给授课教师本人和团队专家，共同对教学过程进行剖析和优化。"他山之石，可以攻玉"，取长补短，助力教师成长。

开发和改进网络教学平台，实现教学资源共享。此外，网络教学平台是课堂教学的延伸，充分利用现代化科技提供的便利，如发布课堂签到、布置预习复习思考题、网上答疑、提供教学相关视频资料、设置学习园地、无纸化考核等，不仅能拓展学生的知识面，提高学生自主学习的能力，还能帮助教师快速检查学生的学习情况，为期末考评提供技术支持，大幅减少教师批改作业的重复劳动。

3. 依据课程目标调整教学内容、教学方法和考核形式取得成效

课程站在立德树人的高度，实现以学生为中心的转变，整合教学内容，对教学内容、教学方法和考核形式进行改革。在教学内容上，重在把握马克思主义最精髓的立场、观点和方法，而不是在知识点上求全责备。在教学方法上，通过案例教学法、课堂讨论等有效调动学生的主动性，使马克思主义立场、观点和方法内化于心，外化于行。在考核形式上，实施过程性考核和期末分类考核，立体评价学生的学习情况。其中过程性考核占总评成绩的40%，根据到堂情况、笔记内容、专题论文、学生演讲等综合评定成绩，不但能调动学生学习的积极性、参与性，培养学生的学习能力，还能减少补考率，减少师生矛盾。

（四）课程特色与创新

1. 实践教学特色

积极探索实践研学模式，通过劳动教育、课堂探讨、经典诵读、主题演讲、微视频制作、话剧表演等形式，改变灌输式教学，填补传统教学模式的空白，让学生课前亲身准备，近距离甚至零距离体验，寓教于乐，提高学生的满意度，让课程"活"起来。

2.教学内容特色

课程团队始终落实"立德树人"根本任务,积极推进教学内容改革。课程团队积极行动、统筹推进大中小学思政课一体化建设,改变过去思政课"炒冷饭"的情况,依据课程目标重组课程内容,厘清与其他几门思政课的分界与衔接,突出自身特色,有趣又有料。

3.教学方法和手段创新

课程团队积极推进教学方法改革,以促进学生发展为中心,将丰富学生的知识、培养学生的能力和素质作为核心,从以"教"为中心向以"学"为中心转变。思想政治理论课最大的特点是突出思想性,而不是局限于知识传授,因此教师应选择合适的教学方法和手段引导学生进行学习,如视频导入法、案例分析法、讨论法、经典导读法等,拓展学生的知识面,训练学生的思维。

4.资源建设

课程团队共建共享课程资源,定期开展教研活动,集体备课和个人备课相结合,分享教学资源,交流实践经验。通过"四史"学习,新建社会主义发展史课程,并将课程资源融入马克思主义基本原理课程的科学社会主义部分,充实了课堂教学。

形势与政策

课程负责人 | 李博文

一、课程总体教学目标

1.培养学生正确的政治认同,自觉拥护中国特色社会主义道路,坚持"四个自信",正确认识新时代世界和中国的发展大势。

2.培养学生的人文科学素养,使之具备一定的国际视野和分析能力,在面对国内外热点问题时具有明辨是非的能力,自觉拥护党和国家决策,具有强烈的社会责任感。

3.培养学生自主学习、沟通合作的能力,以及分析问题、解决问题的能力。

二、课堂教学改革的主要内容

2018年4月教育部印发的《教育部关于加强新时代高校"形势与政策"课建设的若干意见》就形势与政策课的历史使命做了详细说明,指出:"'形势与政策'课是理论武装时效性、释疑解惑针对性、教育引导综合性都很强的一门高校思想政治理论课,是帮助大学生正确认识新时代国内外形势,深刻领会党的十八大以来党和国家事业取得的历史性成就、发生的历史性变革、面临的历史性机遇和挑战的核心课程。"

形势与政策课的历史使命决定了其具备其他思政理论课不具备的特点。

首先，由于涉及党和国家的最新理论、最新政策，经济社会发展的新特点、新现象，以及重大国际事件和热点问题，这就决定了形势与政策课教学内容宽泛，涉及面广、即时性强，备课难度很大。其次，形势与政策课程的教学对象涵盖所有年级全部专业学生，教学对象庞杂，其接受能力、理解能力有很大差别，又横跨了大一至大四的所有年级，这就对教学工作提出了很大挑战。最后，形势与政策课程授课队伍的学科背景十分多元，给形势与政策课程的教学改革和发展造成了机遇与挑战并存的局面。

就目前来看，我校形势与政策课的教学依然存在许多问题。一是专业性不足。由于授课教师专业多元化的原因，其对于课程内容的理解和研究存在较大差异，这就导致教学质量会因教师本人和教学专题而发生较大波动。二是期末考核评价长期采取"一刀切"的办法，忽视了专业差异，导致部分专业的学生出现学习困难和习得性无助的现象。三是教学资源平台亟待建设。鉴于该课程的高度时效性，仅依靠课堂中有限的时间，很难将教学内容深入下去，只有依托网络资源平台，才能够更好地拓展教学空间，深化教学内容。

为深入落实《教育部关于加强新时代高校"形势与政策"课建设的若干意见》以及更好地服务我校建设全国一流应用型民办大学的发展战略，马克思主义学院形势与政策教学系经详细调研与民主讨论，确立了以下课程改革方案。

（一）推进课堂教学内容与师资队伍的专业化整合

根据多年的教学经验，我们认为在当前和今后一个时期，高校形势与政策教育教学的内容基本上可以划分为以下几点：

(1)党的理论与党的建设；

(2)我国社会主义现代化建设成就与当前任务；

(3)港澳台事务与"一国两制"实践；

(4)当前国际形势状况、发展趋势、我国的对外政策。

目前，我们每学期会按照中宣部要求从8个专题中选择4个专题进行讲解，每一位任课教师都要就4个完全不同的专题进行备课和讲解。在教学过程中，我们发现这种笼统、随机的分配方式，导致教师备课压力大，对讲授内容缺乏信心，传授知识信息不深入，进而影响教育效果。鉴于以上问题，我们认为应让每名教师只承担一两个专题，使教师在一个相当稳定的时期，将其负责的专题研究得精、深、透，使之成为这些问题的专家。

因此，我们将对每学期的教学内容进行重新整合与安排，采取分模块专题式教学。具体的做法是，每学期由形势与政策教学系将中宣部提供的8个专题，整合为"党的理论与建设""社会主义现代化建设成就与当前任务""港澳台事务与'一国两制'""国际形势与我国的对外政策"这4个相互独立的专题。而后,由马克思主义学院牵头,由形势与政策教学系具体负责,根据我校师资力量组建授课团队,每个团队负责1~2个专题的教学任务,从而打造专业化团队,实现"术业有专攻"的师资队伍结构。

(二)构建新的教学平台

"互联网+教育"时代,要敢于打破传统课堂的话语传播方式,变价值观单向传播为课堂和网络空间立体化传播,充分发挥教与学的双主体作用,满足学生在课堂中的主体性诉求。

目前,我校形势与政策课采用线上线下混合式教学,一学期内教师会在第一次、第四次课时进行线下授课,在第二次、第三次课时利用超星学习通或腾讯会议进行线上授课。总体来看,这种做法增强了教师与学生的互动,线上授课时学生普遍表现得更为积极,互动性更强。但由于形势与政策课具有很强的现实性、即时性,党的理论与路线、国际形势的变化时刻影响着我们的生活,目前由于课时限制,教师很难进行详细的讲解,最终导致学习内容过浅,优秀学生吃不饱的情况发生。

此外,当今网络自媒体发达,各种信息良莠不齐,我们需要主动占领意识形态高地,引导学生树立正确的政治观,自觉拥护党的领导和中国特色社会主义制度,在面对国内外重大热点事件时,能够明辨是非。

因此,我们决定由形势与政策教学系牵头创办"形势与政策"教学公众号,以更好地服务课堂教学。该公众号主要有以下功能:

(1)负责转发官方媒体、知名学者对党的理论与建设、国内外重大热点问题的时事评论。

(2)鼓励我校师生将自己对党的理论与建设等问题的学习心得撰写成文并在公众号上发表。(可将此纳入学生综合测评与教师考核评价体系,激发师生的热情,促进平台建设)

(3)在开课之前与结课之后,向任课教师与学生发放问卷调查,收集反馈信息,不断推动教学工作的改进。

(三)实行教学分类(差异化)考核方式,实现育人育才相统一

现我校拥有46个本科专业和1个专科专业,涵盖文学、法学、管理学、经济学、艺术学、教育学、理学、医学、工学、农学等10大学科门类。根据长期以来的

教学实践，我们发现不同专业的学生在知识储备、语言组织表达、理解与应用等方面存在着较大差距。过去很长时间内，我们对不同专业的学生采用了"一刀切"的考核办法，其结果是导致部分专业学生出现学习困难、作业质量低下等一系列问题，不仅影响了教学效果，而且造成了部分教师对于个别专业的教学出现了畏难情绪。

为更好地激发学生的学习热情，在我系调研讨论和充分征求学生意见的基础上，决定实行以专业为导向的教学分类（差异化）考核方案。新方案充分考虑不同专业学生在知识储备、语言组织、书面表达等方面能力的差异，并结合其专业培养要求，将思想政治教育与专业能力学习进行有机结合，提高学生在本专业的应用能力，最大限度地激发学生的学习热情，释放其专业学习成果，实现育人与育才相统一。

具体措施是：形势与政策教学系根据不同专业性质、录取分数、培养目标，将我校46个本科专业划分为4个大类。

一是师范教育类，包括学前教育、汉语言文学、数学与应用数学、英语、思想政治教育、美术学、音乐学、汉语国际教育等8个专业。为配合师范类专业认证建设工作，以上8个专业在期末考核时采取以小组为单位撰写教学设计与制作教学PPT的方式进行考核。

二是理工、农学、生命科学类，包括电子信息工程、汽车服务工程、机械设计制造及其自动化、机械电子工程、新能源科学与工程、车辆工程、护理学、建筑学、园林、风景园林、计算机科学与技术、软件工程、网络工程、物联网工程、通信工程、数据科学与大数据技术、信息安全等17个专业。为培养上述专业学生具备一定的基础写作、多媒体应用技术，以及提高其组织协调、分工协作能力，采取小组讨论交流，提交讨论PPT和研讨总结的方式进行期末考核。

三是人文社科与经济管理学类，包括法学、新闻学、经济学、金融工程、会计学、工程管理、人力资源管理、物流管理、供应链管理、旅游管理、酒店管理、公共事业管理等12个专业。为提高以上专业学生基础写作、信息收集、团队协作能力，采取以小组为单位撰写调研报告的方式进行考核。

四是艺术体育类，包括音乐表演、舞蹈学、广播电视编导、播音主持与艺术、表演、视觉传达设计、环境设计、服装与服饰设计、社会体育指导与管理等9个专业。考虑到艺术类学生各专业之间存在较大差异的情况，采取更加细致的考核办法。其中视觉传达设计、环境设计、服装与服饰设计专业，以小组为单位进行绘画创作的方式进行考核。音乐表演、舞蹈学、表演学、广播电视编导、播音主持与艺术专业,以小组为单位进行声乐、器乐、短剧表演等方式进行考核。社会体育指导与管理专业采取以小组为单位,进行小组研讨交流,提交会议记录的方式进行考核。

总之,我系将坚持以OBE教学理念为指导,以教育部指导意见为指南,持续推动形势与政策课程在教学内容、师资队伍建设、教学平台构建、教学考核与评价等方面的创新与改善,在实现为党育人的同时,做到育人与育才相结合,持续为社会输送高质量的应用型人才,更好地服务学校发展战略,回馈社会需要。

政治学

课程负责人 | 张倩

一、课程总体教学目标

政治学是思想政治教育(师范)专业核心课程之一,也是本专业重点打造的课堂教学改革示范课程,承担专业培养和价值引领的双重使命。课程具体目标如下。

(一)知识目标

紧随时代发展,筑牢专业基础知识。课程立足于中国特色社会主义政治发展实践,让学生熟悉党和国家的路线、方针和政策,系统掌握马克思列宁主义、毛泽东思想和新时代我国政治理论体系的基础知识、基本理论。

(二)能力目标

提升专业理论素养,锻造扎实的专业本领。依托课程对学生德育发展的影响,回应学生专业成长与发展需求,培养学生运用马克思主义政治学理论知识对国内外政治现象进行较为深入思考、提出合理的见解和观点的能力,并具有一定的科学研究能力、学术创新能力和社会实践能力。结合师范生培养目标,培养学生具有较强的教育教学技能和教育管理能力,从而进行全方位育人活动。

(三)素质目标

弘扬社会主义核心价值观,培养家国责任担当。结合专业铸魂育人的教育宗旨,遵守专业伦理,使学生具备坚定的教师职业信念和敬业精神、高尚的专业情怀和师德修养、强烈的社会责任感和担当意识,实现价值引领。

二、课堂教学改革的主要内容

(一)教学内容的改革——立足专业教育,融合课程思政

基于OBE教学理念,秉承专业知识传授与思政价值引领的双重目标,深挖课程思政元素,加工重组,整合优化,实现思政课程和课程思政同向同行、同频共振。教学内容划分为基础理论、政治研讨、价值理念、实践教育4个板块,课程思政教育以弥散性的方式在板块各点中进行,达到与专业教育内容的融合。教学内容板块设计如表1所示。

表1　教学内容板块设计表

板块	理论教授	课堂互动	教学实践	课程思政的融入
基础理论	√	√	√	从政治学的概念、特征开始,延伸到政治制度、职能、原则等,比较中西方政治制度、政治理论的异同,引发学生对政治现象的关注、政治理论的思考,激发其对社会主义政治制度的认同感
政治研讨	√	√		对当前的国内外政治现象、政治热点进行学习研讨,提升学生分析问题、解决问题的水平,增强政治是非判断力,坚定其社会主义政治立场
价值理念	√	√	√	从民主、自由、公平、正义、和谐、发展等基本政治价值入手,拓展至我国社会主义核心价值观,学生能够从中体会到对国家、对社会的责任与担当,增强其政治信仰与教师职业信念
实践教育		√	√	通过教学观摩、教学实践、毕业实习等方法,帮助学生掌握专业技能,培养教育情怀,践行人生使命和实现人生价值

教学内容资源建设如下。

1.整合教材资源,优化内容供给

在已有的马工程教材《政治学概论》的基础上,优化整合所选教材和其他参考教材内容,结合自编讲义等充实教学内容,包括新时代中国特色社会主义政

治理论与实践创新自编教材、马克思主义经典论著及相关经典等教材系统,课程教案、课程PPT、课程内容讲解音频等配套学习资料,确保学习内容的供给。

2. 精选网络资源,丰富教学内容

筛选网络优质教学资源,包括优秀专题视听资料、国家精品在线开放课程资源等,扩展学习视野,丰富教学内容,提升教学效果。

3. 坚持"产出导向",延伸教学内容

包括建设有一定创新性或挑战性的配套测验题库,有针对性地建设各种形式的(开放式/非标准答案测验题、案例题、辨析题、综合分析题等)综合应用习题库,延伸学习内容,巩固理论知识。

(二)教学方法的创新——紧扣课程目标,重塑授课模式

1."课程理论+思政元素+实践教学"的课程整融模式

将思政元素融入课程理论的各个板块,在学习专业理论和教育教学技能的同时推动思政教育,锻造价值担当。一是建立一支政治立场稳、专业素养高、专业情怀强的教师队伍,长期负责本课程的教学教研工作。二是课程教学实行导师制,除由一位教师统一负责理论教授外,还由每一位教师对接一定数量的学生,负责理论辅导和实践指导。学生可以参与校内课堂授课,通过具体教学实践,培养学生扎实的专业技能、崇高的教育情怀和坚定的政治信念。三是建立校社思政共育机制,联系校团委组织学生代表暑期"三下乡",在社会实践中促进思政目标落地,形成了良好的校社共育机制,增强了学生的社会责任感和历史使命感。

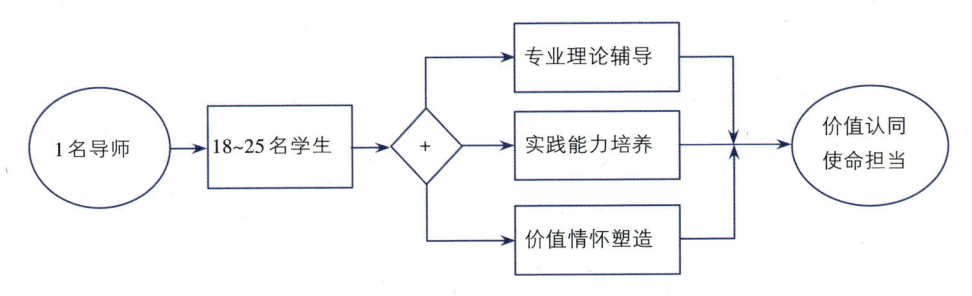

图1 政治学课程导师工作示意图

2. 以参与和启发为底色的课堂设计模式

将课程内容、思政教育与参与式课堂、启发式教学、翻转课堂等形式相融合,创造富有体验感的课堂环境,促使学生全情投入,激发学习热情。

(三)评价方法的完善——创新考核形式,客观多元评价

本课程整合多元评估和过程评估,建立知识与能力并举、过程与结果并重的考核评价体系,并将课程思政考核弥散到考核的各个环节中。具体采用"期末考核+过程性评价+参与式评估"的考核模式,注重过程考核和学生实际参与投入度,避免期末考核"一锤定音"的片面性,推动信息双向流动,赋予学生反思创造的机会,促进学生的发展和成长。

表2 课程思政考核表

考核类别	考核内容	考核方式	考核者	占比
理论成绩	课堂表现、出勤率、课后作业	观察、互动、系统记录	校内团队教师	20%
教学实践成绩	课堂教学实践各项考核内容及对使命、责任等主题的认识和反思程度	观察、查阅教学资料并用于实践	校内团队教师	10%
期末考试	闭卷考试,试卷内容涵盖与价值、使命相关的主观题	改卷	校内团队教师	70%

(四)教学手段的现代化——线上线下结合,实现翻转课堂

1. 课前

利用线上课程平台,将新课学习内容相关资料上传发布,鼓励学生自主学习,线上讨论学习难点。根据学生的自学反馈情况,制订个性化的教学方案。

2. 课中

采用线下分组讨论法教学,通过课前回顾测试、话题式问答、讨论等方法,完成线上知识点的巩固和练习。

3. 课后

通过线上辅导、答疑、作业检测等方法巩固所学知识。

通过线上线下课堂双向互动交流,能有效激发学生学习的兴趣和主观能动性,实现知识传播与内化,提高教学效果。

宪法学

课程负责人 | 李容琴

一、课程总体教学目标

宪法学是教育部确定的法学本科生的10门核心课程之一,是法学新生最先接触到的专业必修课,也是本专业重点打造的课程思政示范课程和校级一流课程,承担专业培养和价值引领的双重使命。课程具体目标如下。

(一)提升专业理论修养,锻造扎实的专业本领

立足我国法治国家、法治政府、法治社会的要求,践行依法治国的核心是依宪治国的治国方略,宪法学对学生德育发展的重要性不言而喻。结合本课程的概念、理论、价值、方法、模式等内容,使学生了解宪法的特征、本质、价值、指导思想、根本原则、国家性质、国家形式、国家标志、国家结构、公民的基本权利与基本义务等基础理论知识。本课程致力于培养法学专业学生扎实的专业理论,科学的思想方法,过硬的实践技能,较强的提出问题、分析问题和解决问题的能力,力图让学生知法、懂法、守法、用法、护法,自觉地参与国家法治建设的全过程。

(二)弘扬社会主义核心价值观,培养责任担当

结合法学专业为国家培养法治人才的教育宗旨,将学生培养成为遵守法律职业伦理,具有职业信念和敬业精神、高尚的专业情怀、强烈的社会责任感和担

当意识的法律职业人,树立牢固的法治思想,弘扬社会主义核心价值观,全方位、全过程地自觉维护宪法与法律的权威,从而实现价值引领。

(三)挖掘课程思政元素,优化课程内容供给

宪法学课程蕴含着丰富的课程思政资源,课程中几乎所有知识点随时都可以自然融入恰当的课程思政元素。课程思政不仅体现在教学大纲设计、教学过程设计、教学课件制作、教案设计等教学准备环节,而且体现在课前预习、课堂讲授、课堂训练、课堂教学延伸活动、课后思考与练习等教学活动中,还体现在教学评价、教学考核等环节,将知识传授、价值引领与能力提升有机统一在教学过程中,践行为党育人、为国育才的初心使命。

二、课堂教学改革的主要内容

(一)课程内容建设——立足专业教育,融合课程思政

1.在已有马工程教材《宪法学》基础上,优化整合所选教材和其他参考教材内容,结合自编讲义等充实教学内容。

2.筛选网络优质教学资源,延伸学习空间,扩展学习视野,丰富教学内容,提升教学效果。

(二)课程资源建设——注重OBE教学理念,发展多重资源

1.课程教学资料建设

通过吸收毛泽东思想、中国特色社会主义理论体系中的相关理论,同时结合习近平法治思想中的法治论述完善课程内容。讲授法、案例法、研学、实践等多种教学方法并用,探索线上教育与线下教育相结合的教学模式,给学生推荐和提供网上丰富的教学资源,摸索创新课程思政的建设模式和方法路径,力图将课程建设目标更好地融入宪法学课程的教学过程。

2.课程师资团队建设

一是建立一支政治立场稳、专业素养高、专业情怀强的教师队伍,长期负责本课程的教学教研工作。二是课程教学实行导师制,除由一位教师统一负责理论教授外,还由每一位教师对接一定数量的学生,负责理论辅导和实践指导。学生可以参与课堂授课,通过具体教学实践,培养扎实的专业技能、崇高的教育

情怀和坚定的政治信念。三是组建科研小组，定期举行教学研讨、校内校际科研交流等活动，推进课程教学内容与教学方法的创新。

3.课程测验题库建设

坚持"产出导向"的教育理念，建设有一定创新性或挑战性的配套测验题库，有针对性地建设各种形式的（开放式/非标准答案测验题、案例题、辨析题、综合分析题等）综合应用习题库，巩固理论知识，感悟思政价值。

4.课程实践平台建设

基于培养应用型法学人才的专业定位，搭建课程教学实践平台，在社会实践中提升专业技能、理论素养与道德情怀。一是建立校内教学实践平台，制订教学实践计划，由校内教师组建实践指导团队，通过多种方式指导案例实践，锻造过硬的法学专业本领。二是建立校社思政共育机制，联系校团委组织学生代表暑期"三下乡"，送法普法，在社会实践中促进思政目标的落地，形成良好的校社共育机制，增强学生的社会责任感和历史使命感。

（三）课堂教学改进——紧扣课程目标，重塑授课模式

改变传统课堂以教为中心，实现以学生为中心，通过深度学习激发学生深度思考，培养学生独立思维、甄别是非与判断选择的能力。在宪法学的教授过程中，本团队授课教师高度重视课程思政，形成"理论教学+课堂互动+探究拓展"三位一体的探究式教学模式，在已有的课程思政教学模式基础上，采用法理讲授、法条解释、评析案例等多维度的教学方法，鼓励学生运用所学的理论知识分析和研究实践中出现的与宪法有关的情况和问题，以及在学习时相互讨论和辩论。

（四）课程评价方法创新——创新考核形式，推动自主创造

本课程持续优化课程考核评价的方法机制，改善教学评价方式，灵活采用平时考勤、平时作业、课堂练习、学习笔记、期末考试等多种形式进行考核。(1)通过突出考核评价的及时、动态、多次性，激励学生学习的参与度和参与频次，调动学生学习的积极性；(2)通过多样化考核评价方式，结合课程内容融入课程思政元素，使教学工作的重点真正落实到学生的能力培养和素质提高上，全面提升课堂教学水平和人才培养质量；(3)通过多元主体评价，激励教师与校内外同行、专家学习交流，更好地开展课堂教学。

学前儿童社会教育

课程负责人 | 杨华

一、课程总体教学目标

1. 重视幼儿社会教育，逐步树立正确的幼儿社会教育观，建立专业认同感。（毕业要求1：理想信念）

2. 能正确阐述3~6岁幼儿的社会性发展水平，能够根据学前儿童社会教育的内涵与特点说明幼儿园社会教育活动的要素与结构；能够阐述幼儿园社会教育活动设计的原则及方法、幼儿园社会教育活动的组织与指导策略，获得关于幼儿园社会教育活动的原理性和实践性知识。（毕业要求3：保教知识）

3. 能够在实践中观察幼儿的社会性发展水平并提出教育策略，能够独立设计与开展幼儿园社会教育活动并撰写活动反思。（毕业要求4：保教能力）

4. 能在幼儿园社会教育活动中营造适宜幼儿发展的班级氛围，在活动过程中运用恰当的管理方法与技巧，建立良好的师幼关系。能够设计综合利用幼儿园、家庭和社区等多种资源促进幼儿社会性发展的方案。（毕业要求5：班级管理）

二、课堂教学改革的主要内容

(一)从课程思政的角度出发,明确本课程的育人功能

1.教育目标上,涵养学生的师德,树立争做"四有"好老师的理想信念。

2.教育内容上,提炼课程中与思想政治教育的联系点,做好学生世界观、价值观、教育观、儿童观等观念的塑造和引领工作。

3.教学方法上,通过线上线下混合式学习和体验式学习等方式,拓展学生的学习渠道,激励学生主动学习、自主学习,增强他们的责任感和使命感。

4.教学评价上,改革过程性考核评价方式,从学生的学习习惯、学习方法等角度进行评价,引导学生树立终身学习的观念。

(二)做好课程的顶层设计,体现混合式教学的特点

根据混合式教学的特点,教师除了起到传统的"传道授业解惑"的作用,在学习中还应起到课程设计者和学生学习促进者的作用。教师利用超星学习通和中国大学MOOC作为网络学习平台,将教学的主战场由教室延伸到网络。教师通过精心的教学设计,将课前—课中—课后串联起来;通过任务驱动、个性化学习、小组协作学习等多元化的学习方式,激发学生学习的主动性和积极性。具体的教学实施流程见图1。

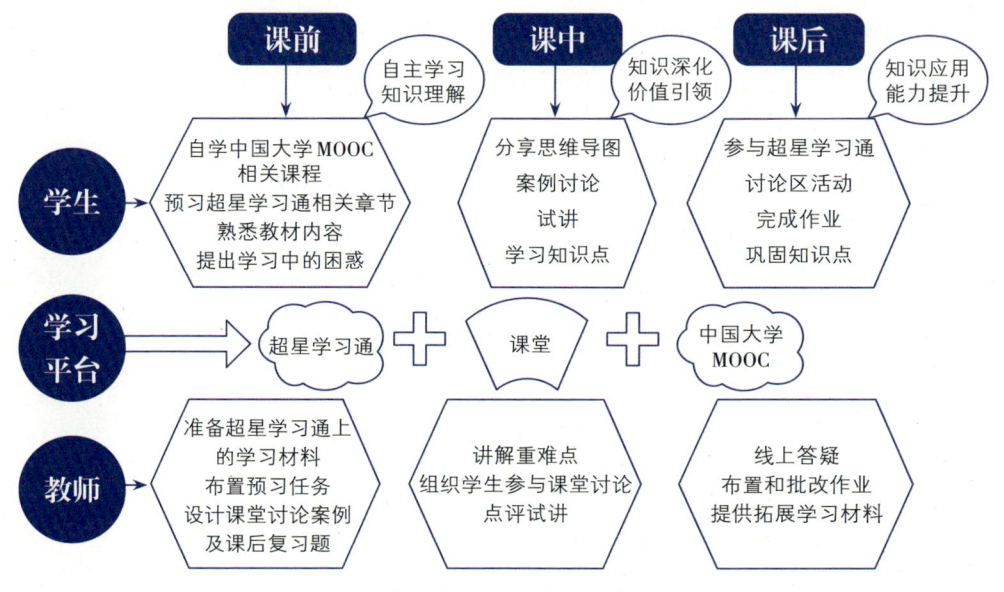

图1 线上线下混合式教学流程图

线上线下混合式教学的优点是将学生学习的边界无限延伸,学习内容更加

丰富,学习时间更加灵活。但其中的问题也随之产生,面对海量的信息,学生体会到"学海无涯"的同时也难免产生学习的无力感。通过合理的教学设计,优化课程内容,提高学生学习的获得感和积极的情绪体验是这一教学模式当下需要解决的问题。

教师在进行教学内容的设计时要对学生先修课程、教材、网络学习平台的教学资源、拓展学习材料、实践练习内容做出综合考虑,使学生的学习内容真正产生价值。学生在学习一个章节的课程内容时,教师需要配置中国大学MOOC上一门课程的在线学习知识点、教学课件、拓展阅读的相应期刊论文1~2篇、幼儿园教学活动视频、优秀教案、线上讨论话题,以及课后练习的大作业和小作业。小作业主要测试知识点的掌握情况,大作业主要考核对知识的运用能力和合作学习等综合能力。

(三)紧扣"课程思政",优化课程内容,做好教学资源库建设

本课程的内容蕴含丰富的课程思政元素,学生在学习如何帮助幼儿健康成长的同时,教师肩负着塑两代师表的责任,要做到"立德、修身、传道、弘义"。在2022年的问卷调查中也显示,教师对学生的理想信念、道德情操、家国情怀、品质培养等方面都体现出显著作用。

表1　学前儿童社会教育课程思政联系点

课程内容	德育教育内容	实现形式
专题一　学前儿童社会教育概述	1.引导学生树立正确的儿童观与教育观,如对幼儿平等相待、尊重幼儿 2.了解教师的言行会对幼儿产生的影响,加强学生的专业信念与专业认同感,促进其职业道德的建立	通过学习张桂梅老师及幼儿园优秀教师的先进事迹,在情感体验中萌发教师的专业认同感,自觉在教学中为学生树立榜样,通过言传身教起到示范作用
专题二　幼儿园社会教育活动的设计与实施	1.在自我意识教育活动中增强自信、自尊、自爱的情感,让学生成为更好的自己 2.在社会交往教育活动中提高学生适应新环境的能力,特别是抗压能力,增强集体意识 3.让学生在社会规范教育活动中提高遵纪守法的意识,在道德层面严格要求自己 4.在社会文化教育活动中体会文化的传承与教育的使命感,增强学生爱祖国、爱家乡的意识	通过案例讨论、视频观摩、社会实践等方式,帮助学生独立思考,学习辩证地看待自身的优缺点,对未来人生道路上可能遇到的困难有面对的勇气,树立成为一名优秀的幼儿教师的志向,增强自身的责任感与使命感

续表

课程内容	德育教育内容	实现形式
专题三　学前儿童家庭与社区的社会教育	从家园社共育的角度,萌发学生在家庭教育指导中的责任感与使命感,增强学生的专业信念	通过幼儿园教师对家长进行教育指导的正面示范案例,让学生直观感受到幼儿教师这个职业对家庭和社会的影响
专题四　学前儿童常见的社会性发展问题	从尊重儿童、平等地对待每一位儿童的角度,培养学生热爱教育、热爱儿童的教育情怀	通过情景模拟等方式,学生可以体验到幼儿需要得到关怀与帮助,从而不忘教育的初心

为帮助学生形成学习的群体效应,教师将学生的优秀教案整理出来形成资源库,作为榜样供学生相互学习。同时,指导学生将理论学习与实践学习结合起来,如平时作业中"观察与分析幼儿社会性发展的总体水平"这一项目需要学生利用见习的时间对幼儿的社会性发展水平进行观察记录,并通过小组讨论的方式进行交流,将书本知识与幼儿个体实际情况联系起来,学会"学以致用",感受到理论学习可以解决实际问题的成就感,增强其学习的获得感。

(四)创新教育教学方法,使混合式教学向纵深发展

在教育教学方法上,主要以翻转课堂、案例教学法、小组讨论法、项目教学法等体现以学生为主体,以分析问题、解决问题为导向的教学方法开展教学活动。

在章节知识点的学习中,学生在中国大学MOOC上学习相关内容,制作思维导图,在课堂上讲解知识点,这种方式既能督促学生提前预习,又能提高学生的思维能力、表达能力。

在学生试讲时,以小组为单位进行试讲内容的准备,一名学生讲课,其他学生扮演幼儿。这种沉浸式的学习方式,可以帮助学生更好地转换角色,在教态、语言、表情等方面有更多作为教师的体验。试讲结束后,以学生自评和教师点评为主,将学生互评以讨论的形式放在超星学习通上,能够给予学生充分的时间进行反思与表达。

将课堂教学活动延伸到课外,在驻园研习、支教团等活动中,教师采取任务驱动的模式,帮助学生明确实践学习的目标与内容,保证实践学习的效果。通过线上学习与线下教学相融合、课内教学与课外自学相结合、专业能力培养与职业素质训练为一体的教学方式变革,能真正将混合式教学落到实处。

(五)改革成绩评定方式,突出过程性考核比重

将平时成绩与期末成绩的比例从4∶6调整为5∶5,将期末考试的方式由笔试改为无纸化考试,将过程性考核中平时作业的项目数由3项增加为5项。以上调整均是基于成果导向的教学设计理念,改变以前一张试卷定成败的状况。学生的学习不再是为了期末考试及格而去临时抱佛脚,以识记为主的学习方式已经不能满足学生的学习需求。教师在设计考核方式时,既有基于线上学习的考核,如超星学习通的积分、课后作业的完成情况、PBL的自评与互评等,又有针对实践学习的评价,如教案书写、活动设计与实施、幼儿园社会教育案例分析、活动反思等。

这样的考核评价方式不仅能够培养学生的学习自觉性,还能形成学习共同体,增强学生的责任感和使命感。

学前教育学

课程负责人 | 方怡妮

一、课程总体教学目标

学前教育学是高等院校学前教育专业的必修课程,也是学前教育专业的核心课程。本课程秉持OBE教学理念,强调"学生中心、产出导向、持续改进",采用线上与线下相结合的方式,将思政教育与专业课程有机整合,构建"全员全过程全方位"育人格局,凸显课程的"高阶性、创新性、挑战度",实现融价值塑造、知识传授和能力培养于一体的课程目标。

(一)涵养师德,厚植情怀

认同幼儿园保教工作的价值,树立正确的学前教育发展观、儿童观、教师观、教育观等基本观念,形成良好的专业信念和批判性思维。

(二)深化认知,拓宽视野

了解学前教育学的历史及趋势,理解学前教育学的概念,掌握学前教育的目的与任务、学前儿童的全面发展、学前儿童与教师、学前课程、学前教育活动、学前儿童游戏、幼儿园环境、学前教育衔接等基础知识,具有开阔的学科视野。

(三)加强反思,提升能力

能够运用学前教育理论批判性地解释和解决学前教育实际问题,指导学前教育实践。

二. 课堂教学改革的主要内容

（一）主要改革举措

依托线上多元化平台和线下课堂，将本课程建设成为线上线下混合式课程，主要改革内容为优化课程体系（涵盖课程理念和目标体系、课程内容和教学方法、课程评价方案等方面）、建设课程资源库和习题库等。

1.创新课程理念与目标体系

秉持"立德树人、能力本位、学生主体"的教学理念，以培育学生师德践行、保育和教育实践能力、综合育人与自主发展能力为核心，将以社会主义核心价值观、幼儿园教师职业道德、改革创新为核心的时代精神等思政元素融入专业课程，以学前教育基本原理为基本目标框架，同时注重学前教育问题，打造以培养高素质应用型幼儿教师为指向、凸显思想性和专业性的课程目标体系。

2.更新课程内容和教学方法

以课程目标体系为框架，融价值塑造、知识传授和能力培养于一体，重视学前教育历史发展和时代变革、学前教育与社会和个体的关系、教师与幼儿的关系等学前教育基本原理，以自主学习、案例教学等方式，挖掘基本原理的新时代含义，同时借助超星学习通等信息化教育平台，通过小组合作探究等方式，探讨"幼小衔接""婴幼儿托育""家园社共育"等重点、热点问题，促进学生深度学习，充分体现课程内容的基础性、前沿性和教学方法的综合化与科学化。基本教学模式如下。

（1）依托线上资源，鼓励自学反思

有效利用超星学习通、中国大学MOOC等平台的课程学习视频等网络资源，引导学生进行课前学习，发现学习中的难点问题，并在超星学习通平台交流疑难问题。

（2）线下师生讨论，推动深度学习

①案例教学，明确重点：在课堂教学中，教师针对学生自学的疑难问题和重点知识进行精讲，夯实学生的理论基础，并设计案例引导学生讨论、分析、理解和解决问题，锻炼和培养学生独立思考和解决问题的能力。

②汇报交流,突破难点:引导学生开展小组合作探究,将国家学前教育政策法令、改革举措与学前教育学相关专题内容进行结合,探究学前教育的难点、热点问题,并在课堂上以演讲的方式汇报合作探究成果,引发学生深度学习,培养学生的高阶思维。

(3)线上学练结合,复习深化认知

注重讲学练结合,引导学生在自学相关课程内容后,运用线上平台的课程资源(如课件、学术论文等)、课程习题,复习和巩固所学知识,拓宽学科视野。

(4)线上线下互动,提升综合素质

根据线上平台学生作业的反馈情况,通过线上线下多平台交流的方式,帮助学生突破学习重难点,夯实理论基础,提升综合素质。

3.优化课程考核方案

采用过程性评价和终结性评价相结合的理念,优化课程考核方案。

(1)过程性评价

秉持表现性评价理念,注重以学生为中心,制订包括课堂笔记、读书笔记、热点问题汇报(实践性考核)等在内的过程性考核方案,评价学生自主学习、探究学习和合作学习等方面的学习质量,促使学生独立思考、积极探究,提升学生解决问题的能力和创新意识,发挥学生增值评价的引导、激励等多元化功能。

(2)终结性评价

围绕课程重点内容,丰富考试题型和内容,提高试题编制质量及闭卷考核的有效性。

4.建设课程资源库和习题库

以国家精品在线开放课程为基础,创建丰富的课程资源库,包括课程大纲、课程配套PPT、教学案例(视频、文档或图片等)、学术论文、习题等,帮助学生把握学前教育发展逻辑,深化专业认知,拓宽学科视野。

(二)主要育人效果

1.教学改革成效

(1)创新课程教学模式

坚持学生主体、问题导向,引导学生自主学习、合作学习、探究学习,将学前教育时事与课程内容学习相结合,更新教学内容和方法,拓展学习场域,推动学生深度学习,形成理论课程教学的新思路。

(2)建设课程资源库

制订基于OBE教学理念的学前教育学课程大纲、课程配套PPT,建设案例库(含视频、图片等)、课后习题库等。

(3)制订课程考核评价方案

改革课程考核方式,优化过程性和终结性考核内容和方式,注重发挥评价的功能,培养学生独立思考、合作探究和解决问题的能力。

2.学生学习效果

通过自主学习、合作学习、探究学习等多种方式,学生能够逐步认同保教工作的价值,形成正确的保教观念,能够掌握扎实的保教知识,具备运用学前教育理论批判性地解释实际学前教育问题、指导学前教育实践的能力。

学前教育史

课程负责人 | 罗英

一、课程总体教学目标

本课程是面向高校学前教育专业开设的理论性较强的专业基础课，主要阐述古今中外有重大影响的学前教育实践活动和理论主张，上承教育学和普通心理学，下启学前教育学和学前心理学，采用线上线下相结合的方式进行教学（共32学时，其中线上8学时，线下24学时），旨在培养"学思用融通、知信行合一"的应用型人才，实现融价值塑造、知识传授和能力培养于一体的课程目标。

（一）知识目标

能概括并阐释不同时期中外学前教育的发展历程，教育实践的基本脉络、发展的特点和存在的基本问题，学前教育家的教育思想，树立正确的学前教育发展历史观和实践观。

（二）能力目标

形成敏锐的教育洞察比较能力，学会运用教育学和历史学的方法分析学前教育历史人物和历史事件。

（三）素质目标

养成反思的习惯，通过反思与体会学前教育的发展，初步形成具有历史感的教育眼光,逐步领悟幼儿保教工作的意义,认同幼儿教师这一职业的价值和专业性,具有一定的人文积淀和情怀,养成基本的批判质疑、勇于探究的科学精神。

二、课堂教学改革的主要内容

(一)具体举措

1. 课程与教学改革要解决的重点问题

(1)传统教学注重理论知识的传授,忽略学生情感态度与价值观的养成

亟须将思政教育与本课程有机整合,构建"三全"育人格局,让学生在获得本课程知识的同时形成积极主动的学习态度,树立正确的学前教育发展历史观和实践观,形成正确的职业观。

(2)传统教学以教师讲授为主,忽略学生的主动参与和探究

需改革教学方法,培养学生搜集和处理信息、获取新知识、分析和解决问题及交流与合作等高阶能力,培养"学思用融通、知信行合一"的应用型人才。

(3)传统教学注重课堂和教材,混合式教学资源建设和平台开发不完善

需完善网络教学平台,拓展和整合线上线下教学资源,优化教学设计,完善教学评价机制,将线上学习与线下教学相结合,课内教学与课外自学相结合。

2. 混合式教学设计

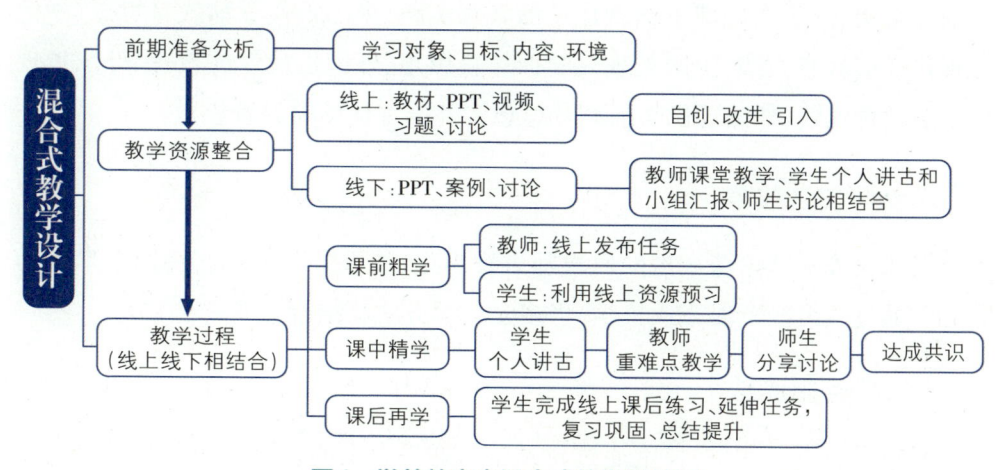

图1 学前教育史混合式教学设计图

(1)依托线上课程资源,鼓励学生自学反思

有效利用中国大学MOOC、超星学习通自建课程来学习网络资源,引导学生课前预习,发现并在超星学习通平台发布疑难问题。

(2)线下师生互动交流,推动深度学习

教师针对学生学习的重难点问题进行精讲,设计启发性问题引导学生分析、探究和解决;进行任务驱动,指导学生查找资料,开展课堂教育讲古和PBL分组课堂汇报,引发学生深度学习,形成学习能力螺旋上升圈。

(3)线上线下混合,实现立体化的教学实施

讲学练结合,引导学生利用线上课程资源预习、复习巩固所学知识,夯实理论基础,拓宽学科视野,提升综合素质。

3.教学内容改革:完善课程内容,构建完整的教学内容体系

(1)完善课程内容

将教学内容与时代特质关联,融合时事,注重"因事而化、因时而进、因势而新",加强时政育人;融合中华优秀传统文化、革命文化和社会主义先进文化,加强"三大文化"教育,厚植爱国主义情怀,弘扬以爱国主义为核心的民族精神和以改革创新为核心的时代精神。

(2)构建完整的教学内容体系

参考知名专家田景正、虞永平等对中外学前教育史的理解和分析,将本课程内容体系构建为"两大模块八个专题"。两大模块即中国学前教育史和外国学前教育史,八个专题即中国古代学前教育实践、中国古代学前教育思想、中国近现代学前教育实践、中国近现代学前教育思想、外国古代学前教育、外国近现代学前教育实践、外国近代学前教育思想和外国现代学前教育思想。

4.教学方法改革

本课程改变理论课一贯的以教师讲授为主,注重"以教师为关键,以学生为中心",通过线上线下混合式教学,将多元教学方法相结合。

(1)任务驱动法

发布课前学习任务,学生通过超星学习通平台上的教材和视频资源进行预

习;发布教育讲古任务,学生查找教育名人事迹资料,为课中演讲做准备;发布PBL分组任务,学生查找文献资料,进行小组探究合作学习,完成课堂汇报任务。

(2)讲授法

课中运用讲授法讲解重难点知识,凸显"学生中心"。学生讲解教育名人的背景和生平,教师进行补充;教师结合案例、史料和启发性问题引导学生学习教育家的学前教育思想或者某时期的学前教育实践,课程讲授注重点面结合,突出重点,化解难点;学生总结所学的学前教育实践和思想,分析其当代价值。

(3)练习法

学生运用超星学习通平台上的PPT和视频资源进行复习,完成教师布置的章节测验题,夯实基础。

(4)读书指导法

指导学生运用浏览、精读和泛读的方法,阅读经典教育著作,撰写读书心得。

(5)讨论法

教师通过在课堂中或超星学习通平台上提出争论性问题,引导学生各抒己见、参与讨论,培养学生养成反思的习惯和批判质疑、勇于探究的科学精神。

5.课程组织实施情况

组织实施学前教育史课程,以中国大学MOOC国家级精品课和教材为主要的教学内容载体,以超星学习通为延伸性学习平台,以丰富的课程资源为沟通教与学之间的桥梁,构建多元化学习路径,打破传统的授受式学习瓶颈。理论知识的学习主要通过课前预习、课堂重难点知识的讲解与讨论、课后复习等方式来达成;能力的培养主要通过自主学习探究进行教育讲古、教育经典阅读、PBL分组合作学习汇报、专题反思讨论等方式来达成;情感价值观的培养主要通过强调"思政浸润",在课程整体设计、挖掘课程知识点所蕴含的思政元素的基础上,凝练"个人修养、职业素养、理想信念",将做人做事的基本道理、教师职业道德与行为规范、社会主义核心价值观、文化自信、制度自信等内容自然地融入教育全过程。

(1)师生互动

教师发布课前任务,提供在线学习资源,学生在线预习新知识,注意重点和发现疑难问题;课中教师运用经典案例,将理论和实践相结合,突出重点,化解难点,让学生针对疑难问题进行互动、探究和分享,从而达成共识。

(2)翻转课堂

将学习的主动权交还给学生。学生在线学习关联课程知识的中国大学MOOC优质微课视频,查找资料进行课堂个人教育讲古、PBL分组汇报等展示活动,通过合作探究学习和分享讨论,走出"舒适圈";通过深度学习和师生、生生互动交流,让学生从实践中得真知,夯实基础、补齐短板。

(3)反思与提升

学生通过课堂探究讨论进行深度学习,通过延伸性学习任务如PBL分组任务、教育讲古、实地参观、阅读教育经典等,在自主、合作、探究式学习中反思提升,在自评和互评中了解自身的优势与不足。

(4)知行合一

学生通过校内实践基地"蒙学园"和"周末宝贝会"、支教团等各项实践活动,践行本课程所学知识、理念、能力要求和涵养的情怀。

6.课程评价改革

构建知识、能力与思政考核并重的"五化"考核评价体系,考核过程全程化、考核内容综合化、考核形式多样化、评价主体多元化、评分标准导向化,通过任务驱动、教育讲古、阅读教育经典、PBL分组探究学习汇报、专题讨论等,强调"学中做""做中学""思政浸润",加强过程管理,提高学习质量。

(二)育人效果

1.加强了课程的"思政浸润"

将思政教育渗透和贯穿于本课程的教学内容和教学全过程,注重学生在知识能力发展过程中情感态度与价值观的养成。将思政教育与本课程有机整合,基于学生未来从教的核心素养,加强"三大文化"教育,全要素浸润从教情怀,构建"三全育人"格局。

(1)注重立德,厚植教育情怀

培养学生端正的学习态度,养成良好的学习习惯,形成专业认同感,坚定职业理想,树立正确的儿童观和教育观,形成专业发展的持续动力;培养学生对中华优秀传统文化的热爱之情和文化自信,形成一定的人文积淀、人文素养。

(2)求真探索,培养科学精神

引导学生反思探究,培养并形成辩证思维。

(3)合作学习,培养团队精神

引导学生合作分享,促进社会化发展。

(4)学以致用,树立社会责任感

引导学生自主探究,关注历史问题和时代需要,激发责任感,实现学以致用。

2. 形成了以学生为中心的模式,促进了学生的建构式学习

以学生为本位,尊重学生的学习方式和风格,提供各种学习便利;采用线上线下相结合的方式,运用多元教学方法,提供优质学习资源,创设多样化学习情境,组织多形式的学习活动,引导学生主动学习,主动建构知识;开展交互式学习,引发学生深度学习,内化所学知识。

3. 搭建并完善了混合式学习资源和平台,促进学生理论学习和实践相结合

完善线上学习资源和平台,丰富课内过程性实践考核形式,拓展课外学以致用的实训、实践。通过课堂讲授进行教育思想和实践的比较,引导学生思考分析学前教育发展中的问题,完成学习任务;通过个人探究、小组合作完成教育讲古、小组汇报、分享讨论等课内过程性实践考核,通过校内实践基地和社团的实践活动,培养学生运用理论解决学前教育实践问题的能力。

心理学基础

课程负责人 | 谭锦花

一、课程总体教学目标

通过本课程的学习,学生能够理解人类心理现象的本质,形成辩证唯物主义心理观和"以人为本"的价值理念;比较系统地掌握心理发展特点与规律,学习从心理学视角探索与分析生活和教育情境中的心理现象,主动运用心理学原理指导现实生活与教育教学活动,提高从事教育教学实践的能力;有意识地觉察自己的情绪感受,反思个性面貌,健全人格品质,提升自我幸福感,树立"学为人师,行为世范"的职业理想,增强教师职业的认同感和自豪感。

二、课堂教学改革的主要内容

(一)重塑课程内容

1.突出思想性

心理学课程天然地蕴含着丰富的课程思政资源。将价值塑造、知识传授和能力培养融为一体,充分发挥教师"主力军"、课程建设"主战场"、课堂教学"主渠道"的优势,形成协同育人效应。本课程将深入挖掘心理学课程内容及教学方式中具有的真善美元素,将家国情怀、师德师风、生命意识等,有机融入专业知识的学习中,引导学生培育自尊自信、理性平和、积极向上的心态。比如,将一些心理学家的故事,如精神分析学家阿德勒的"自卑超越"、人本主义心理学家罗杰斯的"与原生家庭和解",以及当代教育领域的典型人物,如张桂梅校长的感人事迹,植入课程内容,启发学生思考生命的意义与价值,激荡其人格精神,坚定职业理想和信念。

2. 突出前沿性

心理学是一门关于人的科学,既古老又极具创新力和包容性。人类生活的不断发展演化,决定了心理学课程内容必须与"时"俱进,探索关于"人"在不同发展时期和不同领域的心理现象。因此,在确保学生掌握了心理学经典理论、基础知识的前提下,要为学生适当供给心理学最新研究成果,更新学生的知识结构,促进其思维生命力与创造力的发展。

3. 突出挑战性

心理学作为一门中间学科,兼具自然科学与社会科学性质,与很多相关学科都有着千丝万缕的联系。教学中,启发学生将心理学知识,与教育学、神经科学、社会学、精神病学等近缘学科联系起来,培养学生看待问题和解决问题的多学科视角与综合思维。

4. 突出应用性

充分利用自我参照效应,本课程将心理学理论知识无缝植入学生鲜活的现实生活中,使他们真正感受到"心理学学习不仅能够助考,更有助于引导自己走出心理困境",一方面增进学生对知识的理解,另一方面强化其活学活用、举一反三的意识与能力。

(二)整合教学资源,创新教学方法

1. 突出信息化

如今心理学发展日新月异,教师不再是学生知识的唯一来源。本课程将利用现代信息化技术,依托中国大学MOOC平台中与本课程目标和内容均接近的国家在线精品课程,采用翻转课堂,课前将单元理论知识以微课的方式植入超星学习通平台,让学生自主学习。课堂上,教师一方面对核心知识进行深入细致的讲解,利用雨课堂等互动软件适时检验学生的知识掌握情况;另一方面,引导学生采用"头脑风暴"对某些知识展开辩论,培养学生的批判精神和反思能力。课后，教师在超星学习通上设置单元知识测验，并对学生感到迷茫的问题进行答疑解惑。同时，教师在原创学习公众号"心海拾贝"上链接拓展性知识，如心理学经典实验介绍、书籍导读、电影推荐，以及推送中外心理学家故事等。

2.突出主体性

许多学生在学习前对心理学充满好奇与期待，但接触后却发现，教科书上的理论知识远不如想象中的那般有趣、刺激，心理落差较大。因此，教学中尊重学生的主体地位，激发其学习主动性，变得十分关键。本课程利用有意注意的原理，让学生充分认识到课程学习的重要意义，保持良好的学习态度。如，邀请一些师范毕业生通过视频录制的方式，向学生讲述他们在如今的工作实践中遇到的教育教学心理现象或难题，及如何解决等，以期从实践应用的角度，激发学生的探索兴趣；提倡小组合作式学习，加强小组讨论交流等，通过协同合作维持学生持续学习的热情。

3.突出综合性

本课程集普通心理学与教育心理学于一体，知识点繁多且庞杂，培养学生的整合思维和综合学习能力至关重要。一方面，引导学生将前后章节知识进行有机衔接，构建具有内在逻辑联系的知识体系，培养系统性思维；另一方面，与我校开设师范专业的二级学院，以及重庆市其他兄弟院校相关教研室取得联系，建立虚拟教研室，有效整合多方资源，不定期举办"心理学知识竞赛""心理学微课比赛"等。

（三）改革课程评价方式

本课程改变了"考勤+章节测样+平时作业+课堂表现+期末考试成绩"的传统考核方式，注重过程性考核与开放式考核，突出对学生思维、能力和素质的评价。

首先，过程性考核占总成绩的40%，包括章节测验、学习心得与反思、小组合作调研、课堂表现等内容，将心理学赛事的参与情况作为加分项。过程性考核设置"课程反思小论文"，启发学生在掌握理论知识的基础上，学会将理论与实际生活相联系，运用相关理论反观和指导生活实践，促进其学以致用与心理的健康成长。

其次，在期末试题和课堂讨论话题中，设置一定量的案例分析、自我心理现象分析等非标准化题目，充分体现思政元素，并对学生试题回答中出现的课程思政元素给予鼓励性加分，进一步检验课程思政建设的实效性。

(四)形成课堂教学改革成果

基于以上改革措施,以学生为中心,持续改进,培养学生的高阶思维,进一步优化课程内容、教学方法和教学评价方式,提高课程达成度,最终形成课堂教学改革成果,包括:基于OBE教学理念的课程教学大纲的完成、课程思政元素的深度挖掘与整理,以及课程教学资源库,如教学案例、课程思政、案例试题等的建立。

幼儿园环境创设

课程负责人 | 陈优

一、课程总体教学目标

1. 形成正确的幼儿园环境观，懂得环保节能，增强环保意识，树立"环境育人"的基本理念。

2. 掌握幼儿园环境创设的基本原理，了解幼儿园环境与课程、幼儿发展的关系。

3. 掌握幼儿园各类教育环境创设的要点，能根据各年龄段幼儿的特点创设适宜的教育环境，并能合理利用各种材料设计制作玩教具。

4. 获得综合实践能力、思维判断与分析能力、跨学科思维能力；提高创新精神，培养科学严谨的工作态度；建立节能环保的社会责任感。

二、课堂教学改革的主要内容

（一）教学内容——选取"实用性强、适切度高、便于实践操作"的教学内容

2012年教育部颁布了《幼儿园教师专业标准（试行）》，里面明确指出"环境的创设与利用"是幼儿教师首要的专业能力。教育部2021年颁布的《学前教育专业师范生教师职业能力标准（试行）》中也把"开展环境创设"作为学前教育师范生"保育和教育实践能力"的重要组成部分。因此，幼儿园环境创设是学前教

育本科院校的必修科目，在这门课程中，整合了幼儿园管理、美术、手工等相关知识点，同时，幼儿园环境也包括精神环境与物质环境。精神环境包括文化、制度、心理氛围等要素；物质环境包括户外环境、室内环境、班级环境、墙面环境、区域环境、整体环境、局部环境等要素，内容庞大，综合性极强。因此，在教学内容改革方面，考虑到人才培养是培养应用型幼教师资，以及考虑到与其他相关课程的差异性，所以把教学内容聚焦在幼儿园班级环境创设、幼儿园主题墙创设、幼儿园活动区创设、幼儿园心理环境创设等章节，体现出实用性强、适切度高等特点。

（二）教学方法——建立"以问题为导向，以任务为驱动，以自主探究为过程"的学习方法

1. 场景漫游法

学生借助3D漫游技术，身临其境地感受幼儿园环境，在场景漫游的过程中，充分感知和分析幼儿园环境的各个要素，比如空间布局、造型、区域划分、色彩等。涉及的技术手段包括环境观察、平台结构、内容的观察等，让学生对幼儿园环境产生真切、全面的空间体验和认知。

2. 作品分析法

学生学习完知识点，教师会给学生呈现从校外实践基地园收集的不同幼儿园的最新环境创设作品，并带着学生共同分析解读这些作品，让学生更加直观地了解幼儿园环境创设的基本原理，以及在此过程中容易出现的误区，进一步强化学生对知识的理解和掌握。

3. 自主探究操作法

传统的幼儿园班级环境创设教学中，由于受到实验器材和场地的限制，每个学生的操作机会和时间有限，学生的理解大多停留在走马观花的层面。而本项目结合虚拟仿真技术，突破了硬件条件的限制，让学生根据对所学知识的理解来自主创设，允许学生多次尝试，也更接近实际幼儿园环境创设的流程。通过让学生自己设计幼儿园的空间布局、活动区角，建构出完整的识记、理解、应用知识体系，在分层、分阶段的实验过程中，不断提示强化理论知识点，同时为学生提供操作练习的机会和平台，激发学生的学习兴趣和创作欲望。同时，完成虚拟创设后，部分优秀的作品可以选送到合作的校外实践基地园，孵化为真

实的幼儿园环境创设作品，剩下的作品可以在实训室和实训基地所提供的场域进行真实的实践操作。

（三）评价方式——搭建"学生自评+小组互评+教师评价+专家评价"的多元评价体系

考虑到本课程学生的作业是以环境创设作品的形式呈现，具有较强的主观性和表现性，不适合采用根据学生实验步骤的正误来自动评分的模式，因而本课程改变了原有的教师单一主体评价的方式，采用多元主体的评价体系。学生需要对自己完成的作品进行评价打分并说明理由，同时可以看到其他同学的作品，对同一学习小组的成员进行评价；任课教师对学生的实践操作和作品进行点评；另外邀请幼儿园一线专家登录虚拟仿真评价系统对学生作品在实用性、适切性等方面进行评价，最后综合各个评价主体的意见得出总成绩。本课程搭建了由学生互评、教师评价、一线专家点评、线上线下相结合，基于理、实、虚一体化的多元主体评价体系。同时，建立了完善的反馈机制，对参加实践操作的学生各方面的建议、评价与反馈信息，进行全面系统的统计分析，为指导教师改进和完善实验提供参考，提高教学效果。

（四）教学手段——打造"线上自主学习+线上虚拟仿真实验+线下翻转课堂"的教学模式

第一步——线上自主学习。课程开始之前学生通过虚拟仿真系统上的知识导航模块完成系统知识学习和储备，再通过场景漫游，进入幼儿园班级场景进行参观，身临其境地感受幼儿园班级的环境和活动区的特点。

第二步——线上虚拟仿真实验。教师引导学生先进行研讨交流，形成一定的共识或争议；然后以实验系统为依托，根据课程目的和任务，绘制幼儿园环境设计图纸，再根据平面设计方案对幼儿园环境进行虚拟创设，这样方便学生进行反复创设和修改，更加节能环保，作品也容易保存。

第三步——线下翻转课堂。完成线上的自主学习和虚拟操作后，教师挑选学生典型的作品，以"完善作品"的方式来翻转课堂，共同分析、研讨作品中存在的问题及亮点，并在师生共同修改完善后，投入校内实训基地和室内实训室中进行真实的幼儿园环境创设。学生的学习是在线上和线下、现实和虚拟的灵活交互中完成的。本课程真正做到了以学生为中心，以个性化作品为结果，以多元评价主体为依据，促进学生创新精神和实践能力的培养，掌握幼儿园班级环境创设的原理和方法。

幼儿园戏剧活动

课程负责人 | 刘姝含

一、课程总体教学目标

1. 结合我校办学定位、学院专业特色和人才培养要求，本课程坚持立德树人根本任务，落实"三全育人"的重要理念。

结合学校和学院定位，从行业能力出发，根据实际教学情境构建和完善适合教学要求、具有应用特色的课程体系，基于幼儿园戏剧教育课程的特殊性，本课程从新文科教学理念出发，确立课程目标、选择课程内容，通过BOPPPS教学模式，实现课程实施过程中从获取知识到锻炼能力、提升学生综合素养的转变，使BOPPPS教学模式在幼儿园戏剧活动的实践课程中得以实施。

2. 树立社会主义核心价值观，加强师范生师德意识的培养。

将幼儿教师职业道德和职业信念有效融入与渗透课程教学，让学前专业的学生学习和掌握幼儿园戏剧教育的基础知识、基本理论和基本能力，提高其角色意识，增强其对师范专业所需具备的师德的认同，树立牢固的社会主义核心价值观。

3. 以"德美浸融、四美合一、美美与共"为课程思政总体目标，提高学生的艺术修养和人文素养。

本课程采用"艺术思维激发→课程思政导入→实践才能历练"逐层递进的新时期创新人才培养思路，通过幼儿戏剧教育游戏和即兴创作表演，提高学生的戏剧基本能力、艺术修养和人文素养。

4.以学生为中心、以学习效果为出发点和落脚点与实践相结合,掌握学前儿童戏剧教育的教学实践技能和创作技能,结合混合教学模式形成美育共同体。

发挥课堂教学主阵地、主渠道、主战场的作用,使学生爱学、乐学,构建美育学习共同体,将自己创编的作品在学院舞台、幼儿园进行表演或运用于教学中,从而实现对学生知识传授、能力培养和价值塑造的"三位一体"教学目标。

二、课堂教学改革的主要内容

(一)教学改革模式

教学中采用两种主要的教学模式,一种是BOPPPS教学模式,另一种是在BOPPPS教学模式中加入TBL线上线下互动教学模式。

BOPPPS教学模式是以教学目标为导向,以学生为中心的教学模式。它包括6个教学环节:导入、呈现学习目标、预评估、参与式学习、检验学习效果和总结。它以6个环节为主要实施步骤,每个环节的英文首字母组成了该教学模式的名称,引导学生开展多种多样的主动学习。

随着信息化时代和慕课的来临,有更多的教学资源可以使用,我们借助手机及其中的小程序就可以便捷地改善现场教学环境。传统课堂上常见的抢答、投票、接龙、讨论、互评、点赞等教学互动方式也可以整合在小程序中。这种教学模式被称为TBL线上线下互动教学模式,简称"TBL模式"。

结合超星学习通教学平台的使用,教师通过平台的数据反馈,了解学生的学习情况,改变传统的逐一讲授知识点的方式,采用理论和实践相结合,以创意戏剧游戏的方式来授课。BOPPPS教学模式在幼儿园戏剧活动课程实践基础上,将课堂提问、戏剧教育过程等互动性更强的教学方式着重运用在线上教学中,提高课堂教学的有效性。

```
                          ┌─ 以学生为中心
              ┌─ OBE ─────┤
              │           └─ 以学习效果为出发点和落脚点
              │
              │           ┌─ 1. 导入（Bridge）
              │           ├─ 2. 呈现学习目标（Objective）
              │           ├─ 3. 多种方式了解兴趣及先备知识（Pre-assessment）─┐ 课堂渗透
BOPPPS+ ──────┼─ BOPPPS ──┤ 4. 参与式学习（Participatory Learning）          │
              │           ├─ 5. 检验学习效果（Post-assessment）              │
              │           └─ 6. 总结（Summary）                             │
              │                                                           │
              │           ┌─ 线上                                          │ 关联互动
              └─ TBL ─────┤      混合 ─────────────────────────────────────┘
                          └─ 线下
```

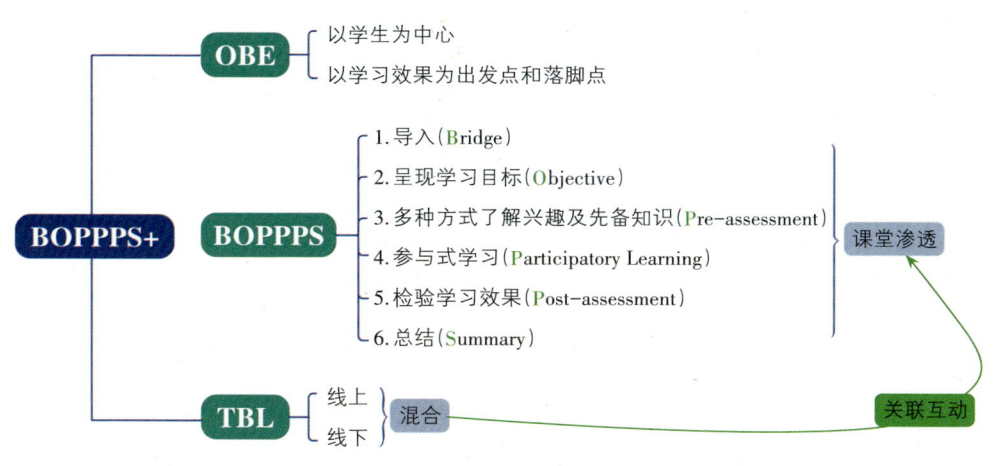

图 1　BOPPPS+教学模式在教学中的实施环节

1. 教学团队首先从课堂导入中,采用图片、视频、故事、问题、热门话题等方式进行导入,简称导入。(Bridge)

2. 用呈现学习目标的方式,让学生明确本节课的学习目标。(Objective)

3. 在讲解新课前,采用问答、投票表决以及集体讨论等方式了解学生对本课题的兴趣及先备知识,以便调整后续教学内容或目标。(Pre-assessment)

4. 参与式学习,即在讲到重点知识点后,教师会根据知识点进行相应的戏剧教育游戏,采用角色扮演、讲故事、小组讨论、个人表达、接龙游戏等丰富的方式让学生参与到学习活动中来,化被动为主动。这样的参与式学习可以增强学生的语言表达、沟通及合作等能力。(Participatory Learning)

5. 在参与式学习之后,通过回答问题、即兴创作、个人及小组汇报、排演等方式检验学生的学习效果。(Post-assessment)

6. 总结,对本节课的内容进行复习巩固和延伸学习。(Summary)

在以上6个环节中进行3、4、5环节时,可加入TBL模式来进行线上线下的融合教学。

教学中以师生互动、学生积极参与教学活动的模式为起点,进一步延伸到一线幼儿园课外实践与体验环节;所有教学方法的改革注重培养学生的思考能力、创新能力和综合运用能力。在教学设计上,提倡"创新性""信息化""综合性"和"指导性",同时不断完善教学手段,在使用好传统的教学手段的基础上,借助超星学习通平台实施TBL模式,以实现线上线下融合教育,提高教学效果。

（二）课程成绩评定方式

本课程秉承"实践性办学"的教学理念,既能为学生打下理论知识的基础,又能逐步提高学生的实践能力。本课程注重过程性考核和开放性考核方式,突出对学生能力素质的评价,过程性考核占比为50%;结课考核方式合理,期末考试均为实践操作考试。

(三)教学改革的创新点

1.目标创新

本课程在挖掘专业课程育人功能方面取得一定效果。通过授课教师自身在立德树人方面的教育影响,学生对师范专业所需具备的师德有了更深的认同,树立了牢固的社会主义核心价值观。学生通过戏剧游戏中的角色扮演和角色心理体验,完成外在接受教育和内在自我教育的过程;通过"入戏—入境—入情—入理"这一过程的循环,实现思政教育从理性认知到情感共鸣再到思想转化的飞跃等。基于以上教育内容的渗透,将思政课程更好地融入教学、融入幼儿戏剧教育,从而帮助学生树立正确的价值观、审美观,达到以美育人、以文化人的目的。

学生的美育共同体的构建是帮助学生形成良好学习氛围的重点,通过分组学习、协作学习来完成幼儿戏剧剧本的编创与实施,可以促进学生合作能力、分析问题和解决问题的能力、创新能力等诸多能力的发展。

2.内容创新

将中国传统游戏手影戏、皮影戏等融入戏剧教育课程,重塑内容新颖、体系完整的幼儿园戏剧活动课程内容体系。在原有课程内容基础上体现思想性和美学性,吸纳近年幼儿园戏剧活动教育的新理念、新成果、新应用,及时更新和完善课程内容。

3.教学方式创新

结合超星学习通教学平台的使用,教师通过平台的数据反馈,了解学生的学习情况,改变传统戏剧编、排、演的模式,采用理论和实践相结合的创意戏剧游戏的方式来授课。"BOPPPS+"教学模式在幼儿园戏剧活动课程的实践基础上,将课堂提问、戏剧教育过程等互动性更强的教学方式着重运用在线上教学中,进一步提高课堂教学的有效性。

课堂教学技能训练

课程负责人 | 康晓棠

一、课程总体教学目标

学生通过教学技能训练,掌握基本的语文课堂教学技能,具备基本的教师专业能力、方法能力、社会能力、媒体能力、职业能力等。训练过程中,学生能很好地将理论与实践相结合,能用语文课程教学的理论知识去指导教学实践,在实践操作、评议反馈和反思改进这一过程中掌握所需技能。学生在训练过程中能加深自己对语文教师这一岗位的体验和理解,逐步形成良好的语文教师职业素养,树立正确的教师职业理想。

二、课堂教学改革的主要内容

(一)课堂教学改革思路

本课程以培养应用型人才作为课程实施的终极目标,以培养师范生的核心能力为导向,并将应用、实用、贴近教学实践等特点一以贯之,改变并突破传统、僵化的教学技能训练范式,充分关注学生的个体差异和群体差异,采取与以往截然不同的培养和训练模式,实现师范生技能训练面向个体、服务群体的转变,在提高教学技能训练效率及解决学生自主能力发展问题的基础上,形成本课程教学改革的基本思路。

1.摒弃传统的单一技能训练模式,探索多元的技能训练模式。总结创新适合课程及师生特点的有用的技能训练模式,给课堂教学充足的自由空间,避免技能训练模式单一化,是本课程课堂教学改革的基本训练思路。

2.在课堂教学训练中努力促进学生学习方式的转变。在实践活动的基础上,通过多向交流、合作和学生的主动参与促进学生发展,是本课程课堂教学改革的基本理论思路。

3.通过技能训练,有效地培养语文师范生各项基本能力,是本课程课堂教学改革的基本目标思路。语文师范生经过训练可具备专业能力(包括学科知识的运用与教育教学能力)、方法能力(能独立地对教育教学中出现的问题进行思考、判断、解决,并举一反三运用到其他课程学习中)、社会能力(小组合作,协同训练)、媒体能力(学会制作教学课件,并配合教学科学地运用)、职业能力(在训练过程中,理解语文教师的职业特点及职业素养,涵养教育情怀,树立正确的教师职业理想)。

(二)课堂教学改革的具体举措

1. 点状突破训练模式

本课程整体训练模式由全班同时训练转变为分小组训练,将一个班分为8个小组,每组6~8人。每次课完成1个技能点、2个小组的训练,4周即可完成全班的1个技能点的训练。这样由过去全线开花转变为点状突破,以点带面,逐步实现全员发展。

2. 任务驱动式训练模式

任务驱动式训练最根本的特点是以学生为主体,教师为主导,训练为主线,注重培养学生主动参与、自主协作、探索创新的学习能力。按照教学大纲的要求,每次训练前教师都会给学生安排不同的教学专题或教学任务,学生自主完成课前准备,在课堂上进行集中反馈评价。具体环节如下。

(1)创设情境

教师根据训练任务的需要,创设与当前训练主题相关的、尽可能真实的学习情境,引导学生带着真实的"任务"进入学习情境。比如每次训练,教师都要求学生将自主训练的场景拟定为面试现场,小组同学扮演面试官,让学生切身感受面试的压力氛围,提高应试应考能力。

(2)确定任务

整个课程安排4个大的训练项目,包括导入和结束、提问和板书、试讲训练、说课训练。每一个技能训练点都是学生成长为一名合格的语文教师所必须具备的基本技能。每个项目任务的要求基本围绕教师资格证考试和公招教师考试的常考内容及形式进行,这样以培养岗位职业综合能力为核心,训练内容及要求与教师资格证考核标准接轨,与教师招聘要求接轨,符合学生实际需求,充分体现了以生为本的教学理念。

(3)自主、协作训练

领取任务后,学生需根据学习任务要求,自主完成教学设计,自主进行模拟授课并录制教学视频,小组内相互观摩并评价,学生根据同学评价及自身教学视频,反思自己的教学,再次修改教学设计,并自主反复训练,完成最终视频的录制。在此过程中,教师印发与训练配套的优秀教学设计案例集,供学生组内讨论交流,学习不同课文的不同教学设计思路,反思自身教学设计的不足,拓宽思维局限,最终形成自己的教学设计思路。这样的训练模式,既发展了学生自主学习的能力,又促进了学生之间的讨论和交流,通过不同观点的交锋,补充、修正每个学生对文本的解读和对教育教学理解的不足。

(4)课堂反馈评价

课堂学习时,师生共同观摩学生的教学视频,集体反馈评价。先由学生进行互评后,教师给出深入的细节点评。课堂反馈评价时,教师与听课学生以每个项目的测评重点为标准,对授课者的教学过程进行分析评价,针对比较突出的问题,集体讨论如何解决。这样可以丰富、弥补授课者自身分析评价的不足与缺漏,这是一个重要的反馈评价环节。同时,授课者对自己的训练内容进行自评,反思不足,进一步总结自己达成既定目标的程度,以便于下一次训练的改进和提高。

(三)课堂教学改革的育人成效

通过教学技能训练,绝大多数学生能从最开始面对备课、教学时的手足无措到较熟练地完成既定的教学任务,能明确技能运用及改进的技巧和方法,真正地将理论与实践操作结合在一起,深入理解理论知识的同时,强化学以致用、举一反三的能力,教学技能得到有效的提升。根据教师的日常教学观察及教学思考,结合学生反馈的内容,总结本课程的成效如下。

1. 备课方面

通过一次次的训练指导,学生对备课的理解逐渐清晰,能在较为熟练掌握教材内容的基础上,根据课标要求,结合学生身心发展的特点,确立教学内容,合理安排教学过程。此外,通过不断的"犯错—指正—修改—再尝试",学生基本学会如何正确规范地进行教学设计,从教学目标与要求、教学重点与难点、教学导入及具体教学内容,到各部分内容的授课方法、问题设置及讨论方式等的设计都有了一定的突破,也充分认识到语文教师应有的职业涵养与素质要求。

2. 课堂教学技能方面

本课程按照微格教学的方法和步骤分解教学技能,教师带领学生进行授课训练、反馈和评价,让学生在训练过程中较为熟练地掌握各项教学技能的执行程序和要求,并从心理上鼓励学生,帮助学生充分发挥技能水平。训练结束后,学生均表示,无论是组织教学、导入新课、教学语言运用,还是讲授、设疑提问、板书、说课等技能,都相较于训练之前有了不同程度的提升。

3. 面试技巧方面

本课程除了关注基本教学技能的培养,也十分注重应试技巧的训练。每次课堂教学反馈评价,教师都会充分考虑到学生的需求与困难,紧扣教师资格证考试及公招教师考试的要求,重点强调面试试讲时的易错点和解决办法,让学生明白了加强训练的重要性。同时,通过面试技巧的讲授及训练,丰富了学生的专业知识,增强了学生面试的自信心。

4. 自我反思方面

学生从开始害怕犯错到后来希望认识到自身的错误,这样的转变是反思的开端。学会自我反思,得益于训练后的反馈评价。因为在集体反馈评价时,师生能根据每个学生在授课中表现出的问题,结合理论知识,提出具有个体差异性的建议,使学生在点评中获取最大化的知识和经验收益,课后从自身实际情况出发,不断反思自身教学,进行有针对性的强化训练。学生有了反思的意识,再结合课堂上教师与同学的反馈内容,可不断学习如何对照训练目标客观分析与调整教学行为,不断提高自我反思能力,为未来的进一步提升和终身学习提供强有力的保障。

宋元文学

课程负责人｜彭亚萍

一、课程总体教学目标

教育部于2020年6月1日颁布的《高等学校课程思政建设指导纲要》（以下简称《纲要》）进一步明确了课程思政建设在新时代教育中的战略意义、目标要求和内容要点，对课程思政教学体系的建构提出了具体的指导性意见和要求。《纲要》称："要紧紧抓住教师队伍'主力军'、课程建设'主战场'、课堂教学'主渠道'，让所有高校、所有教师、所有课程都承担好育人责任……使各类课程与思政课程同向同行，将显性教育和隐性教育相统一，形成协同效应，构建全员全程全方位育人大格局。"在相关精神的指导和要求下，文学与新闻传播学院宋元文学课程的授课教师积极探索课程改革路径，开展各课程的课程思政融入研究。

本课程是汉语言文学专业的基础课，要使学生了解宋元时期的历史文化和文学发展历史，掌握宋元文学的基本特点和各体文学的发展概况；了解词曲的文体特征、重要作家、重要作品，能够理清词曲文体发展的线索，探索其内在的规律。在宋诗、宋词和元曲等各个子模块的知识体系中，融入课程思政内容，通过知识传授、价值引领、思想引导、情怀教育等手段，推进社会主义核心价值观在青年大学生思想中形成，从而培养出德智体美劳全面发展的社会主义建设者和接班人。

将文化自信融入宋元文学的教学过程，对中国古代文学课程的推进和传统文化的发扬都有着重要的作用。以文化为课程建设的核心，可以让学生更好地理解宋元文学的思想世界和审美体验;以文化为课程教学的目标,可以让宋元文学课程具有更深层次的时代价值和更广泛性的现实意义。重视宋元文学中的文化传统,探索文学变化背后浓缩的时代风貌,了解文学发展与社会变革之间的关联互动,不但能够提高学生的唯物史观素养,而且还可以增强当代大学生的文化凝聚力和民族自信心,建立一个命运与共的文化共同体。

通过本课程的学习,学生能初步了解中国古代文学和文化的特色及价值;运用所学的理论和知识,分析古代文学史上的文学现象和文学作品,并进一步鉴赏古代文学作品;加深对祖国优秀传统文化和文学的认识;了解巴蜀文学与文化,发掘地域文化的底蕴,重视区域文化的对外交流,增强文化自信;将古典名篇的语言艺术化为己有,从而转化为一种实用技能,即能以优美雅致的文笔撰写各类文章,包括应用文、学术文以及散文等,为培养汉语应用人才打下基础。

二、课堂教学改革的主要内容

本课程组在认真学习相关文件精神的基础上,结合教师们多年来的教学实践与思考,对文学与新闻传播学院汉语言文学专业基础课宋元文学的教学做出了初步探索。

(一)教学内容

1.课程内容

宋元文学课程的教学内容包含4个部分,其知识要点和能力要求如下。

第一部分,宋诗。知识要点:宋代社会状况与文学发展,宋代诗歌的发展及其艺术特征,唐宋诗的不同。能力要求:能进行经典作品阅读与解析。

第二部分,宋词。知识要点:宋词繁盛的原因,宋词诸大家解析。能力要求:具有词体文学的鉴赏和研究能力。

第三部分,宋代散文。知识要点:"宋六家"的古文成就与特色。能力要求:具有古文鉴赏能力,具有对古文进行专业研究的能力,具有初步的写作能力。

第四部分,元曲。知识要点:元杂剧、南戏和散曲的特点,元曲经典篇目的解析。能力要求:能进行经典作品阅读与解析。

2.课程思政教学

宋元文学课程的每一个知识领域都有着丰富的人文资源可供利用,用来对学生人格修养、道德品质、理想信念、人生态度及家国情怀等方面进行教育和引导。

(1) 增强文化自信

宋元文学教学首先涉及宋代社会状况介绍。唐宋时期是中国历史上诗词文学相对繁荣的时期，也是中国历史上国家政治、经济、文化都相对繁荣的一段时期。通过对这一部分历史的回顾和分析，加深学生对祖先在历史上所取得辉煌成就的认识，让他们认识到曾经的中国是世界文化的中心，在世界文化中居领先水平。今日之中国，我们努力要实现的中华民族伟大复兴的中国梦，正是要重塑中国在世界中的强国地位。对这一部分内容的学习，可以增强学生的文化自信，使学生获得爱国情感教育，获得为民族复兴和实现中国梦而奋斗的思想动力。其次，引导学生探究巴蜀文化的地域特点，深入挖掘地域文化的鲜活内涵和个性魅力，逐渐形成本校古代文学课程的特色。这也是推进中华优秀传统文化创造性转化、创新性发展的重要引擎，为夯实文化自信的根基提供强大动力。"三苏"、黄庭坚、陆游等巴蜀相关文人的作品即是很好的切入点。2022—2023学年第二学期，宋元文学课程组教师面向大四学生开设了巴渝传统名人名作选读选修课，学生学习兴趣浓厚，表现出了高度的文化自信。

(2) 人格修养教育

在该时期著名的文人介绍中，融入人格修养教学。如苏轼旷达的人生态度、健康的心理机制；范仲淹、王安石等文人心怀天下的忧国忧民精神，不以物喜、不以己悲的人生态度；张孝祥、辛弃疾、陆游、岳飞、文天祥等人保家卫国、为国捐躯的爱国精神，都是引导学生形成健康"三观"，进行爱国教育，培养青年一代忧国忧民精神、改革创新精神、为挽救国家危亡而不惜牺牲一切的舍小家救大家的精神的绝好材料。

(二) 教学方法、教学手段

1. 教学方法

从2019年以来，宋元文学课程的教学逐渐改变以教师为主导地位的教学方式，转为以学生为主体，注重学生的实践能力培养。在课堂上常用的教学方式有讲授法、讨论法、练习法、情境表演法、诗词吟诵法等。近两年以来，课程组积极探索将专业学习与学生社团活动相结合的教学方法。诗词是宋元文学课程的教学重点，为了提高学生的学习兴趣，教师引导学生积极参与白石诗社等相关社团的活动，既能使学生学以致用，提升专业素养，又促进了社团的发展。

2.教学手段

课程组一改以往以运用多媒体、黑板等工具为主的传统教学手段,通过超星学习通发布学习任务,展开线上与线下混合式教学,使学生的学习不再受时间和空间的限制。超星学习通、B站、小红书等新媒体里丰富的教学资源拓展了学生学习的途径,也使学生的学习延伸到课堂之外,培养了学生的自学能力,践行了"三全育人"理念。古典诗歌的创新思维是我院古代文学课程组教师合力建设的市级一流线上课程,是对宋元文学课程的有力补充,也是课程组教师探索微课教学的一次成果展现。近年来,课程组教师还在尝试将文博资源引入宋元文学的学习,鼓励学生在课余时间参观三峡博物馆、合川钓鱼城等地,积极开发博物馆社教课程和资源,拓展馆校协同育人的机制。

(三)评价方式

宋元文学课程蕴含着丰富的文学素养与育人理念,是课程思政强有力的载体,而教学评价体系是保障其发挥出强大优势的手段。目前,在古代文学课程中,融入课程思政教育仍处于初步发展阶段,相应的评价体系也还在逐步建立中。

1.宋元文学课程以总结性评价为指导

在宋元文学课程的教学过程中,通过问答、小组考核、试卷考查、无领导小组讨论等形式对学生的古代文学鉴赏与材料分析能力、思想道德水平,以及社会主义核心价值观的践行进行细致考查,不断提高学生的道德品质、政治素养及审美情趣。

2.宋元文学课程以启发式评价为关键

启发式评价是教师在课堂上及时启发学生思维并做出准确评价,让学生真正乐于在课堂中进行师生、生生对话,从而形成乐于对话分享的核心问题教学文化氛围。通过启发式的评价方式,学生在学习课程时,与教师及同学充分沟通与交流,对课程中所蕴含的政治思想进行纵向剖析与横向延展,有助于学生自主感悟道德思想与情感内涵,促进宋元文学课程与思政教育的深度融合。

目前,本课程评价除了通过期末考核来实施,还借助超星学习通的PBL功能中的互评模式来展开。在后续的教学改革中,使教学评价智能化是我们努力的方向。运用智能化的教学评价,可将宋元文学课程教学中所存在的问题分析得更为透彻,有助于教学的进步和发展。

初级口语

课程负责人 | 梅颖

一、课程总体教学目标

坚持全面发展的育人观，注重学生通用能力和专业能力协同培养。通过本课程的学习，学生能够较为清楚、明确地表达个人见解、意见、情感、观点等，较为准确地陈述事实、事件、理由等，就日常生活中的一般情景与来自英语国家的人士进行简单会话，就所熟悉的话题经准备后做简短发言，就社会生活中的一般性或技术性话题进行简单讨论，用简练的语言概括篇幅适当、难度适中的文本或讲话，语音、语调、语法基本正确，语言运用基本得体。

（一）知识目标

以应用为目的，以实践为核心，以知识为主线，设计整个课程的教学过程，激发学生说英语的兴趣，培养学生的口语表达能力。通过让学生接触到大量的与情景相对应的有声语言，着重于学生语言基本功的训练，如语音、语调、语法、朗读、复述能力等，培养学生的语言运用能力。同时，帮助学生了解主要英语国家的文化和社会知识，培养学生的跨文化交际意识。

（二）能力目标

以学生为中心，结合职业资格和岗位技能要求，使学生能够运用已掌握的词汇、句型和常用表达法，结合个人实际场景，在交谈中较好地掌握和使用基本的会话策略，具备用英语交流信息、发表意见等交际能力。

(三)素质目标

以行业需求、职业能力需求为导向，探索知识能力与职业素养并重、课内学习与创新创业一体的应用型人才培养模式，将语言技能、语言知识、文化意识等要素有机地结合起来，相互促进、循序渐进，帮助学生最终实现交际的目的，提高学生的语言沟通技能、跨文化交际能力和综合文化素养。

二、课堂教学改革的主要内容

(一)教学内容

1. 立足教材，拓展网络资源

作为实践实训类课程的初级口语是培养学生英语口语应用能力的重点课程，本课程使用的教材为清华大学出版社出版的《新世界交互英语视听说》(1~2)。该系列涵盖丰富主题，从衣食住行的基础话题，到生活娱乐的普遍话题，再上升至科技环境自然等宏观话题，由易至难，学生能够结合生活实际有话可说。该系列教材还配备完整丰富的电子教学资源，每两个单元配有一个相关主题的TED演讲，并就此做延伸练习。除了教材本身提供的配套资源外，学生还可以借助TED官网、网易公开课、中国大学MOOC平台等网络资源来拓展与单元主题相关的文化知识。

2. 融入课程思政内容，启发学生

除了教材内容和网络资源，教师积极结合时事，更新教学素材与案例，挖掘思政元素，巧妙地将思政与口语话题训练相结合，引导学生形成正确的价值观，开阔眼界，形成批判性思维，做到立足中国、放眼世界。教师应引导学生积极地探索中外文化，在学习外语的过程中，也发掘自身语言及民族文化的闪光点，让学生在掌握英语口语技能的同时，也成为一个思想道德高尚，有民族文化自信，有爱国情怀的应用型人才。

具体思政教学案例：

①教材《新世界交互英语视听说1》的第一单元主题和"职业"相关，教师拓展让学生讨论工作的重要性和工作狂的危害等问题，让学生认识到工作确实很重要，能够带给我们快乐和成就感，让我们实现自身价值，但是也要意识到除了

工作，人生还有很多同样值得我们重视的东西，比如兴趣爱好、健康、家人等，要避免成为病态的工作狂，学会平衡工作和生活。

②教材《新世界交互英语视听说1》的第二单元中讲到外国的节日风俗，在介绍外国文化的同时，教师让学生收集讨论中国的节日风俗，对比中西节日，找到中国文化的闪光点，培养学生的民族文化自信，更好地向世界传播中国文化。

③教材《新世界交互英语视听说2》第二单元中谈到形象的问题，教师结合社会热点问题，让学生讨论对"容貌焦虑"的看法，引导学生形成正确的价值观，让学生意识到现在社会审美单一导致不必要的容貌焦虑，内在的美好品质比外貌更重要，要自信自爱，并通过多读书这一途径来提升自己的"精神颜值"。

④教材《新世界交互英语视听说2》第三单元主题涉及太空，教师结合"神舟十三号载人飞行任务圆满成功"的时事热点，带学生回顾了中国探索太空的艰难历程，让学生讨论"为什么中国要探索太空？"，让学生意识到探索太空的重要性，让学生明白中国一直为"可上九天揽月，可下五洋捉鳖"的理想而不懈努力，以此培养学生的探索精神，也让学生认识到世界的浩瀚，人类的渺小。

（二）教学方法

1. 讲练结合教学

教师在课堂上通过讲解展示环节为学生输入口语练习话题的背景知识和词汇语句表达，然后布置口语任务让学生课后练习。这样做的目的是减少学生的口语焦虑情绪，为下一步具体的口语练习做准备。此部分不强调大量语言信息的导入与学习，而是教师为学生搭建下一步语言任务的脚手架，不仅帮助学生在语言知识，如词汇、话题背景信息等方面得到相关指导及准备，也引导学生为新任务做出相关计划准备，如预判语言输出困难、交际策略的使用等。

2. 任务驱动式教学

教师根据学生的学习目标和需求，设计具有挑战性和启发性的任务，以鼓励学生主动学习和探究。教师根据每单元的学习主题，布置相关口语任务，内容可以是案例分析、情境模拟、角色扮演和小组讨论等，以此锻炼学生的口语表达能力，激发学生的学习兴趣和动力。学生或以小组为单位接收教师的任务指令，和小组成员共同完成任务；或以个人为单位，独立完成教师安排的任务。学生根据任务要求，进行积极思考，灵活运用现有资源完成任务。学生在完成任务的过程中，不断培养分析问题、解决问题的能力，培养独立探索或团队合作的精神。

3.讨论式教学

教师根据本单元所学内容提出讨论话题和具体要求,学生针对教师布置的话题和要求进行小组讨论和合作。学生查找收集有关资料,熟悉话题词汇,并认真写好发言提纲。做好准备工作后,学生与小组成员进行讨论,小组内部可简单记录发言关键词。教师在学生讨论的过程中,启发引导学生自由发表意见,围绕中心,联系实际,鼓励每位学生发言。讨论结束后,教师进行评价和总结。在讨论过程中,学生可以自由地表达自己的观点和问题,通过讨论交流彼此之间的想法和看法,相互启发并取长补短。教师在讨论过程中起到引导、激发和促进的作用,帮助学生进行集体思考和深入思考。

4.引导反思式教学

反思式教学是指将学生的反思纳入教学活动之中,让学生在思考和探究的过程中不断地反思自己的学习和表达,提高学习效果和成果。首先,学生要进行学习过程的反思:学生需要反思自己在学习中遇到的问题、困难和挑战,并尝试找到解决的方法和策略。其次,学生要进行学习成果的反思:学生需要反思自己在学习中获得的英语知识和口语技巧,评估自己的学习成果,并将其应用于日常生活和实践中。学生进行多次口语任务后,教师引导学生进行任务后的反思,鼓励学生通过反思达到自我监督监测以及自我评价的目的,巩固所学新知识、技能以及策略。学生可采取多样的反思形式,比如撰写反思表,口头反思表达;反思也可通过小组活动展开,学生通过结伴反思,相互批评与提建议等。

5.线上第二课堂教学

线上教学主要依托FiF口语训练平台和超星学习通平台。课前,教师可通过超星学习通平台发布预习作业、上传学习视频或简单的语音练习,学生根据收到的任务要求,完成预习作业。课中,教师可采用学习扫码机点名、随机抽问、问题答案限时、投票等,丰富课堂互动模式。借助线上互动,可以避免传统课堂中教师与学生之间单向的互动模式,降低学生的认知负担,增加学生的学习兴趣及课堂趣味性。课后,教师也能积极运用线上平台,在FiF口语训练平台上布置口语练习,让学生在课后进行语音练习;在超星学习通上发布话题练习,学生录音上传。线上教学贯穿课前、课中和课后,能有效提高学生学习的积极性和效率。

(三)评价方式

本课程改革采取多层评价机制。

1. 形成性评价及总结性评价相结合

总成绩评定100%=过程成绩(平时成绩)50%+考试成绩(期末成绩)50%。

形成性评价包括课堂表现、实训操作、平时作业、课后自学。主要考核：学生主动参与课堂讨论、陈述、创造性地提出问题的能力；学生完成课堂口语任务的质量；学生在团队合作项目中的责任担当意识、分工明细程度、团队合作精神，以及团队成果质量。

总结性评价是指对学生在学习周期内所获得的英语知识、口语技巧和表达能力进行的综合性或总结性的评价，主要对课程学习中出现的不同话题和情景进行考查，综合考查学生的发音、语言流利性和连贯性、词汇多样性、语法多样性和准确性，以及任务完成度等。

2. 线上线下评价相结合

教师可以利用在线口语测试及作业系统对学生进行形式评价，了解学生获得知识和技能的情况。同时，可以利用线上讨论和问答系统等，对学生的思考能力、表达能力以及学习参与度等进行过程评价。教师在课堂上针对学生的各项表现给予及时的反馈和评价，及时让学生反思纠错，提高其学习效率，同时也对学生在线上平台上提交的课前学习准备和课后作业情况做出评价，促进学生整体口语教学质量的提高。

3. 教师评价与学生自评互评相结合

授课过程中，教师要了解学生的学习情况，发现问题及时做出调整；学习过程中，学生积极进行自我反思及反馈，对学习进行有效计划及监测评价，建立清晰的认知，提高总体口语学习能力，不断完善学习过程。根据学生的任务表现及反思活动，教师给予一定的反馈。同时，也可采取学生自评和互评的反馈方式。具体方式可以表现为教师对学生技能和表现的评论，学生填写反思表格并进行交换评价，学生在日志中进行书面反馈，学生在社交网络上进行评论反馈等。

(四)教学手段

随着新技术的发展,传统课堂教学与线上教学工具的结合已成为必然趋势。本课程团队积极探索线上线下相结合的混合教学模式,充分利用FiF口语训练平台、超星学习通等线上学习工具,把传统学习方式的优势和网络化学习的优势结合起来,实现线上+线下的合作教学。

1.传统线下教学

课堂上教师根据每单元的话题创设相应情景,营造良好的语言环境氛围。例如,教师适时补充相关词汇、句式,以追问的方式推动小组讨论,利用课堂教学辅助APP和学生之间形成双向互动的模式,既可以缓解学生的认知负担,也能增加课堂趣味性,最后在适当的主题下融入课程思政观念。在课堂中,教师运用多样化的教学手段进行教学。具体的教学手段如下。

(1)听说结合

语言习得是先有输入再有输出的过程,所以口语课堂是听和说紧密结合的课堂。在课堂中先进行听力训练活动,在此过程中强调模仿、强记固定短语、讲授常用句型并大量重复,重视语音语调训练,然后再提供话题或创设情景让学生去自由表达,训练口语。

(2)角色扮演活动

角色扮演活动一直是外语教学中最常见的一种课堂活动手段,能营造一种贴近真实情景的语言教学环境和多种形式的社会情景和社会关系,让学习者的语言更加社会化、实用化,同时能够调动学生学习外语的积极性。课堂上给学生创设情景,提供话题和词汇库,让学生分组进行角色扮演,通过学生亲身实践,培养其发现问题和解决问题的能力,并巩固所学知识。

(3)合作性学习

合作性学习指的是学生在小组或团队中为了完成共同的目标和任务,有明确的责任分工的互助性学习,以小组总体成绩作为评价和奖励的依据。口语教学中的合作性学习主要有两种形式:课堂演示和访谈。学生通过合作取长补短,有利于培养学生的团队合作精神和集体观念。

(4)情景教学

语言习得过程需要在特定情景中进行实际操练。在课堂上,教师根据英语语言所需要的语境模拟相应情景,或根据课文所描绘的主题情景,综合运用形象鲜明的PPT图片、视频资料和生动的文字等,创设各种各样的英语语境,让学生在相对真实的英语背景下来练习口语,培养学生的英语交际能力。

(5)参与式教学

口语课堂是以学生为中心的课堂,强调学生和教师的互动性。教师通过各种活动和奖励制度,调动学生的积极性,使其最大限度地参与到课堂学习中,通过互动过程让学生学习记忆和操练目标语言,培养其英语组织能力和表达能力。

2.线上教学工具

(1)清华社英语在线平台

此平台是《新世界交互英语视听说》教材配备的电子教学资源,内容完整丰富,与教材同步,除了课堂上的口语练习以外,学生还可以登录此平台去复习巩固课程内容,跟读模仿课文,并且对书上的口语活动进行练习,并上传录音。

(2)FiF口语训练平台

FiF口语训练平台具有AI智能语音匹配功能,能够更好地辅助口语教学。教师可在FiF平台上布置口语作业,包括AI任务、互动作业、小组讨论,学生通过课下自主练习、线上语音识别,进一步完成纠音,从而改善语音语调。

(3)超星学习通APP

学院早已开始使用超星学习通APP,本团队成员也积累了使用此类APP进行线上教学的经验,这些都为打造线上线下融合的课程奠定了一定的基础。学生可利用此软件完成多项任务,充分发挥其主观能动性,以录制话题相关视频、线上自动语音识别、线上小组讨论等方式,突破教学时间、地域及材料匮乏等限制,不断拓展学习内容,强化巩固新知识的学习。

中学英语课程标准与教学设计

课程负责人 | 路博政

一、课程总体教学目标

中学英语课程标准与教学设计是外国语学院的一门教师教育类课程，旨在讲授《义务教育英语课程标准》（2022年版）（以下简称"课标"）主要内容以及中学英语课程教学相关的基本理论，以便为师范生的英语教学实践打下坚实的理论基础并提升其教学实践能力。

（一）总体教学目标

通过讲授课标及英语教学相关理论知识，以多形式、全覆盖的教学方式，全面提升学生的师德践行能力、教学实践能力、综合育人能力及自主发展能力，树立教师职业理想，涵养教书育人情怀，打造出有德有能的师范类专业人才。

（二）在课程中体现课程思政理念

本课程针对学科特点和专业特色，创建思政元素隐形融合的结构体系和内容架构，将时代楷模、时事热点、教学实践、职业规划、职业道德等与教学内容有机融合，实现思政元素的隐形渗透。

（三）科学设计本课程的课程思政建设目标

围绕本课程思政目标，坚持"一个中心、两条理念、三步育人"的总体设计路线。

(四)课程思政教学目标

1.知

了解中小学英语课程理念及课程总目标。

2.行

践行中小学英语课程教学方法及教学设计。

3.立

树立教师职业理想及教书育人情怀。

思政目标

- 知：了解中小学英语课程理念及课程总目标
- 行：践行中小学英语课程教学方法及教学设计
- 立：树立教师职业理想及教书育人情怀

一个中心　两条理念　三步育人

一个中心
- 掌握中小学英语教学基本技能
- 培养中小学教师基本职业素养

两条理念
- 中学英语课程应面向全体学生，因材施教、因人而异
- 涵养教师教育情怀
- 中学英语教学强调实践性和应用性
- 在用中学，为用而学，学而能用
- 树立知行合一的教育理念

图1　课程思政教学目标设计思路

拓展教学方式
立足课堂教学育人主战场

开辟第二课堂
畅通教育教学育人主渠道

优化教学实践
搭建育人元素主平台

三步育人

课前	课中	课后
线上开放学习资料 线上发布讨论内容 线上观看相关视频 线上展开互动环节	理论授课渗透思政元素 案例分析优选思政作品 互动讨论深化思政引导 凝练总结升华思政主题	共同完成体现协同互助 个人完成促成独立思考 无生试讲提升教学技能 模拟授课践行职业素养 互评环节践行综合育人

联动育人

图2　中学英语课程标准与教学设计课程设计思路

二、课堂教学改革的主要内容

(一)教学内容

本课程由课标和七个章节的知识构成,课程思政元素可融入本课程教学设计及教学内容中。

表1 课程教学内容

章节内容	课程思政元素融入点	教学活动
《义务教育英语课程标准》(2022年版)	树立职业理想;涵养教育情怀;培养育人理念	案例分析;课堂讲授;小组讨论;视频学习
第一章 中学英语课程教学特点	责任感和使命感;跨学科知识整合能力;涵养教育情怀;知行合一	视频分析;课堂讲授;现象教学;主题讨论
第二章 语言能力的概念	思辨能力;求真务实;探究精神;独立思考	案例分析法;对比分析法;小组辩论
第三章 教学目标的制订	知行合一;创新精神;分析问题、解决问题的能力;激发学术兴趣	探究式教学法;合作学习
第四章 能力指标与教学目标	知行合一;教师职业能力素养	课堂讲授法
第五章 形成性评价	"以学生为中心"的教育理念;知行合一;归纳总结、自我反思、语言表达、合作沟通等教师职业素养	课堂讲授法;模拟教学法;案例分析法
第六章 语言技能的教学设计	创新意识;创造精神;教育教学能力;教师职业能力	互动交流;对比分析;引导启发
第七章 教材分析	严谨、实事求是的科学态度;激发初步学术研究兴趣;提升团队成员的合作能力	数据分析法;案例分析法;合作交流

(二)教学方法

创新教学方式,通过多种教学方式将教学内容与思政元素有机结合,达到润物细无声的效果。

教学内容板块
- 课程标准深入研读
- 中学英语教学特点
- 中学英语教学理论
- 中学英语教学实践

方式方法
- 视频观看
- 课堂讲授
- 案例分析
- 小组讨论
- 模拟教学
- 个人展示
- 任务驱动
- 论文研读

育人元素
- 树立教师职业理想
- 涵养教师教育情怀
- 肩负责任感和使命感
- 知行合一辩证思想
- 教师基本职业素养
- 实事求是的科学态度
- 沟通合作能力
- 创新意识、创造精神

图3　课程教学方法

（三）评价方式

本课程强调学习教学理论知识、提升教学实践能力，建立了以"课堂表现、作业成果、模拟教学、教材分析、期末成绩"为核心的形成性考核体系，以客观评价学生学习效果。

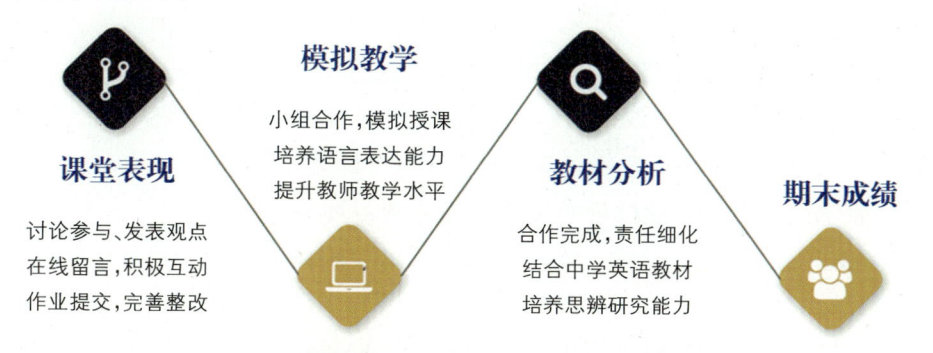

课堂表现：讨论参与、发表观点，在线留言、积极互动，作业提交、完善整改

模拟教学：小组合作，模拟授课，培养语言表达能力，提升教师教学水平

教材分析：合作完成，责任细化，结合中学英语教材，培养思辨研究能力

期末成绩

图4　课程评价方式：回应育人理念，形成多元评价

（四）教学手段

本课程力图通过线上资源建构、线下课堂讲授与线上资源紧密结合等方式，搭建线上线下混合式课程

1. 构建"点、线、面、体"课程实施方式

本课程探索建立思政元素融入课程教学知识点，线上、线下教学联动深化思政元素，课程思政理论全面覆盖教育理论、教学实践，模拟教学、教育实习立体式践行课程思政理念等课程实施方式。

点	线	面	体
思政元素 隐性融入课程知识点	线上线下教学 联动育人、协同促进	教育教学同向同行 价值引领全面覆盖	模拟教学、教育实习 立体式践行课程理念

图5 "点、线、面、体"课程实施方式

2. 创建"五结合"课堂教学模式

(1) 课内与课外相结合

充分挖掘时事热点、当代楷模、学院精神。

(2) 线上与线下相结合

合理利用中国大学MOOC平台、超星学习通平台、视频公众号等资源。

(3) 探索性与批判性相结合

鼓励学生独立思考,发表自己的观点。

(4) 理论性与实践性相结合

将教学理论运用到模拟教学实践和毕业实习环节。

(5) 言传与身教相结合

教师结合自身工作研究经历、工作态度等,起到榜样示范作用。

课内与课外相结合
充分挖掘与授课内容相关联的社会实际案例

线上与线下相结合
合理利用中国大学MOOC平台、超星学习通平台、视频公众号等资源

探索性与批判性相结合
运用多种教学方式,鼓励学生独立思考,发表自己的观点

言传与身教相结合
教师结合自身的工作作风及学习经历展开育人教育。有求必应;有问必答;有反馈必追踪;有成果必鼓励

理论性与实践性相结合
将教学理论运用到模拟教学实践和毕业实习环节

图6 育人元素在教学过程中的"五结合"

3. 超星学习通平台资源建设

从教育教学相关资源、课程内容体系结构、授课过程中的互动环节、课后作

业布置、阶段性测试、发布通知等,全方位促进学生学习与实践,夯实学生教育教学理论基础,以全新的方式提升师范生的教学实践能力(如上传模拟授课视频、在线共享作业完成情况)。

图7　超星学习通平台截图

以2020级英语7班为例。

图8　2020级英语7班示例

图9　课前、课后利用超星学习通发布预习作业及通知

图10 单元任务点分布

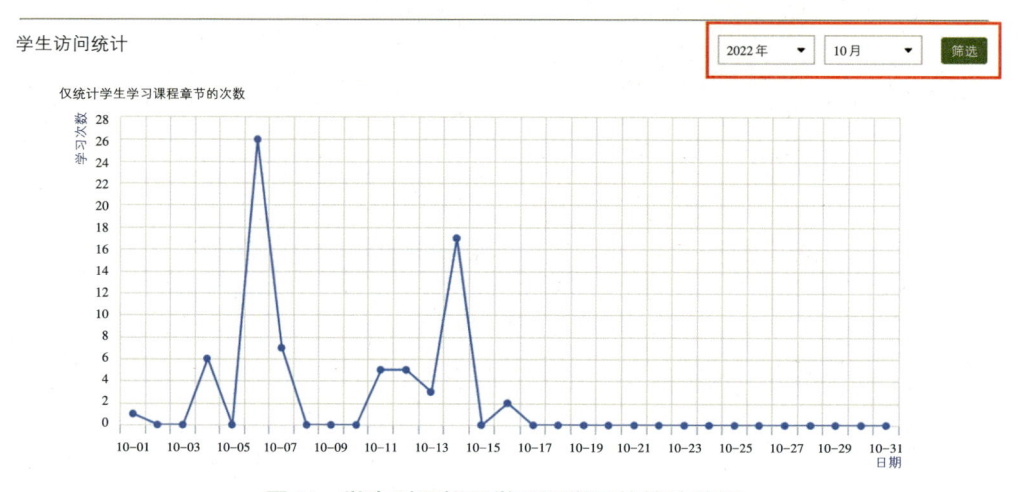

图11 学生利用超星学习通学习的统计数据

图12 教学资源不断完善、持续更新

在线发起讨论，学生基本做到全员参与，避免了课堂沉默、无人发言的情况。

图13　师生在线讨论

三、育人效果

立德树人成效显著

外国语学院自2019年开设本课程以来，已有2016级、2017级、2018级、2019级及2019级专升本学生，共计2000余名同学接受了本课程的学习。

2016级李元杰同学自2020年毕业后在垫江中学担任高中英语教师一职，工作认真负责，积极主动承担大量工作，表现优异，在垫江中学青年教师优质课大赛、"课堂教学改革"教师课堂教学技能大赛、青年教师教学大赛、中小学教师微课制作比赛中表现优异，取得了很好的成绩。

2019级1班谭超平同学在铜梁区维新初级中学实习期间表现优异，在各种教学比赛中表现突出，在2022年春期教学实习工作中获得校领导公开表扬。

在2022年各级各类中小学校实习工作期间，多名实习生获得"优秀实习生""优秀实习团队""优秀班主任"等荣誉称号。

基础会计

课程负责人｜曹委员

一、课程总体教学目标

基础会计是基于基础会计理论课程与基础会计模拟实训课程的理实一体化课程，是会计学专业的核心课程，也是会计专业的入门课程，课程总体目标在于培养具有扎实会计理论知识和一流做账技能水平的、践行社会主义核心价值观、爱国敬业、吃苦耐劳、诚实守信、身心健康，具备强烈社会主义责任感的高级应用型会计人才。

通过本课程的学习，学生需要达到的具体目标包括以下几个方面。

（一）知识目标

了解企业的定义、分类、组织形式和注册登记；掌握会计的定义、职能、目标、对象、要素、假设、基础、等式、会计信息质量要求；掌握以复式记账法为主线的会计核算的七大方法，即账户设置、复式记账法、会计凭证、会计账簿、成本计算、财产清查和会计报告。

（二）能力目标

运用会计基本理论和方法，掌握对企业发生的主要经济业务进行会计处理和核算；掌握从建账、填制与审核会计凭证、登账、对账、结账到编制报表的简单操作技能，具备基本的会计工作能力。

(三)素质目标

在日常理论课程教学和手工账的做账过程中,培养学生的细心、耐心、责任心,树立会计专业意识;培养高尚的会计职业观念,遵守会计职业道德,爱岗敬业、诚实守信、吃苦耐劳、身心健康,具备较深的人文素养和强烈的社会责任感,成为德智体美劳全面发展的社会主义会计事业的建设者和接班人。

本课程以理论够用为度,注重运用能力的训练,为后续会计专业课程的学习打下良好的基础。

二、课堂教学改革的主要内容

(一)教学内容、教学方法与教学手段

表1 课堂教学改革的主要内容

序号	章/单元/专题/实践	学习内容	学习要求	建议学时	教学方法	对应课程目标
1	第一章	总论	了解企业、注册登记、会计职业、会计发展史;掌握会计定义、企业经营活动、会计主体、会计对象、会计职能、会计目标、会计核算方法 重点:会计定义、企业经营活动、会计主体、会计对象、会计职能、会计目标、会计核算方法 难点:会计定义、会计核算方法	3	讲授+案例教学	课程目标1
2	第二章	原始凭证填制与审核	认识原始凭证、正确书写会计数字、掌握原始凭证应具备的基本要素和填制方法 重点:正确书写会计数字、掌握原始凭证应具备的基本要素和填制方法 难点:正确书写会计数字、掌握原始凭证应具备的基本要素和填制方法	4	讲授+参观上届学生手工账+实训	课程目标2、3
3	第三章	会计要素与会计等式	掌握会计要素与会计等式 重点:会计要素与会计等式 难点:会计要素与会计等式	7	讲授+案例教学	课程目标1、3

续表

序号	章/单元/专题/实践	学习内容	学习要求	建议学时	教学方法	对应课程目标
4	第四章	会计核算基础	掌握会计要素的确认、计量及其要求,会计假设,权责发生制与收付实现制、会计信息质量特征 重点:会计假设、权责发生制与收付实现制、会计信息质量特征 难点:会计假设、权责发生制与收付实现制、会计信息质量特征	2	讲授+案例教学	课程目标1、3
5	第五章	账户设置与复式记账	掌握会计科目、会计账户、账户与会计科目的关系、记账方法、借贷记账法 重点:会计科目、会计账户、账户与会计科目的关系、记账方法、借贷记账法 难点:会计科目、会计账户、账户与会计科目的关系、记账方法、借贷记账法	7	讲授+案例教学+练习	课程目标1、3
6	第六章	记账凭证的填制与审核	掌握记账凭证的基本内容、填制、审核与保管 重点:记账凭证的基本内容、填制、审核 难点:记账凭证的基本内容、填制、审核	8	讲授+参观上届学生手工账+实训+案例教学	课程目标2、3
7	第七章	制造业主要经济业务的核算	掌握筹资、投资、生产环节、销售环节、利润形成、利润分配业务的核算 重点:筹资、投资、生产环节、销售环节、利润形成、利润分配业务的核算 难点:筹资、投资、生产环节、销售环节、利润形成、利润分配业务的核算	15	讲授+实训+案例教学	课程目标2、3

续表

序号	章/单元/专题/实践	学习内容	学习要求	建议学时	教学方法	对应课程目标
8	第八章	设置并登记会计账簿	认识会计账簿及了解登记规则，设置登记序时账簿、登记分类账簿，掌握账簿核对方法和结账方法 重点：设置登记序时账簿、登记分类账簿，掌握账簿核对方法和结账方法 难点：设置登记序时账簿、登记分类账簿，掌握账簿核对方法和结账方法	8	讲授+参观上届学生手工账+实训+案例教学	课程目标2、3
9	第九章	组织财产清查	认识财产清查，掌握财产清查方法和账务处理方法 重点：财产清查方法和账务处理方法 难点：财产清查方法和账务处理方法	3	讲授+实训+案例教学	课程目标2、3
10	第十章	编制财务报告	认识财务报告，能够编制资产负债表和利润表 重点：编制资产负债表和利润表 难点：编制资产负债表和利润表	5	讲授+参观上届学生手工账+实训+案例教学	课程目标2、3
11	第十一章	账务处理程序	了解会计账务处理程序概述，掌握记账凭证账务处理程序、科目汇总表账务处理程序 重点：科目汇总表账务处理程序 难点：科目汇总表账务处理程序	2	讲授+练习	课程目标1、2

表2 实训部分教学措施

实践教学项目名称	项目类型	项目内容简述	改革方法	对应课程目标
会计凭证	综合	原始凭证、记账凭证的填制审核	教师动手演示原始凭证的整理和记账凭证的填制，学生模仿教师进行实训操作	课程目标2、3
会计账簿	综合	各类账簿的填制规范及填制规则	教师动手演示各种账簿的填写，学生模仿教师进行实训操作	课程目标2、3
财务报告	综合	财务报告规范及期末账务资料的整理归档	教师动手演示财务报表的编制，学生模仿教师进行实训操作	课程目标2、3

1. 教学思路、教学内容的改革

基础会计内容改革的主要原因是，自2021版会计专业人才培养方案修改后，基础会计理论课程与基础会计模拟实训课程进行了合并，合并后应该如何开展教学。所以，表1、表2重新整理了基础会计的教学思路、教学章节和对应的教学手段。这种教学思路和内容改革是环环相扣的，具体改革创新点如下。

这一教学思路和内容以会计目标即提供4张财务报表作为起点，开门见山地让学生知道会计是做什么的，会计的成果是什么。围绕这一起点，思考财务报表上信息的来源，进而展开第二部分的教学内容，即原始凭证的填写与审核教学。此处突破传统教学模式，不再将原始凭证放到第6章进行讲解，而是将原始凭证提前到第2章，并单独作为一章内容进行讲解。此举一是有利于学生对各种原始凭证的理解，学会对各种凭证的识读、填制和审核，通过反复训练提高学生识读、填制、审核凭证的技能，避免出现学生参加工作时不会填制原始凭证的现象，符合重应用型的目标；二是原始凭证作为信息来源的一手资料，其客观性和真实性会影响到后续所有环节的信息质量，甚至影响到公司股价和未来发展，强调它的合法真实性。得到信息后，原始凭证上的信息该如何归类，便需要展开第三部分内容的学习，即会计要素、会计等式等的学习。信息归类好后，用什么方法和工具形成初步数据，于是产生第四、第五部分内容的学习，即会计假设、会计账户、复式记账法、会计分录、记账凭证等的学习，此部分将加强学生对复式记账方法的应用，开展记账凭证的实训操作。数据初步形成后，如何将同一会计账户在不同日期发生的金额汇总到一起，逐步引出对会计账簿的学习，开展会计账簿登记的实训操作。期末数据信息如何完善，展开财产清查、对账结账内容的学习。最后，根据前面一系列数据的处理，生成财务报表。在整个学习过程中，教师以一家真实企业作为案例，数据前后连贯，引导学生学以致用。此教学思路环环相扣，使课程的所有章节内容在这一思路下完整串联起来，在解决完上一问题后，提出下一步学习内容的问题，增加学生对课程的兴趣，也可为学生形成系统性的知识结构。同时理论与实训相结合，可让学生在掌握理论知识的同时，达到较高的做账技能水平。

这种改革，可以避免教师前半学期在讲授理论部分时没有实训资料，课程过于枯燥学生无法理解，课程讲解内容学生无法全部吸收；其次，可以避免理实分开对实训的不好影响。理实分开的一般操作是，前半学期讲授理论知识，期末几周集中实训。根据艾宾浩斯遗忘曲线，学生在学习新知识后，若不及时复习就会迅速遗忘。学生在期末进行实训时，由于时间间隔较长，教师前大半学期讲解的理论知识几乎全部遗忘,无法将所学理论知识运用到实训,实训效果欠佳。

2. 教材的改革

教材是教师教和学生学的重要工具,它是根据课程标准(课程教学大纲)编制而来。教材在学习者心里具有权威性,教材内容需要具备准确性、科学性、适用性、逻辑性,符合专业知识的逻辑顺序和受教育者学习的心理顺序,能够使理实一体化教学模式顺利开展,同时还需要满足课程教学目标、专业培养目标要求,所以,教师对教材的选择至关重要。

目前基础会计教材由两本组成,一本理论课程教材,一本模拟实训课程教材,两本需要结合使用。通过查阅目前市场上的基础会计理论课程教材,大部分教材内容前面1~5章编写的是基础会计基本理论知识,即总论、会计要素与会计等式、核算基础、会计科目、会计账户与复式记账法、复式记账法的应用;后面6~11章编写的是实训操作的理论知识及相关会计知识,即会计凭证、会计账簿、财务报告、会计核算组织程序与会计工作组织。在教学过程中,教师把大部分课时放在前面5章的教学上,从而导致了重理论轻技能的后果,所以为了更好实现理实一体化的教学模式,有必要选择理实融合度较高的教材。通过历年对各种版本教材的使用,目前本校主要使用由李占国老师主编、高等教育出版社出版的第五版《基础会计》和《基础会计综合模拟实训》,此教材的编写思路突破了传统教材内容,避开了一开始就讲理论的模式,以有趣的案例开始,并以倒叙的方式先让学生了解会计的最终成果即4张财务报表,再让学生明白这些表上的信息从哪里来,得到后又如何编制,最后总结会计是什么的问题,思路新颖,符合学习者的心理顺序,且理实结合较密切,利于理实一体化教学模式的实现。

3. 教学方法和教学手段的改革

教学方法改革方面,本课程采用了丰富多元的教学方法,主要有讲授法、案例教学法、参观学习上届学生手工账法、教师手工账演示法、学生实训实操法、习题练习法等。丰富的教学方法使学生对本课程产生了浓厚的兴趣,理论与实训结合,避免了一味地讲授理论知识,也避免了一味地实训不懂理论的弊端,理论知识和实训操作同时进行或交替进行,能够使学生"在学中做,在做中学",师生双方边教边学边做。

基础会计是一门既有完整理论体系,又有专业操作程序和做账方法的应用性极强的课程,使用理实一体化教学模式有利于避免重理论轻技能的现象,能够使学生在掌握理论知识的同时获得专业的做账技能,达到应用型本科院校的培养目标,为学生后续专业课程的学习和未来从事企事业单位的会计工作打下良好的基础。通过几年的教学实践,学生对本课程的教学效果反映较好。

教学手段改革方面,目前,本课程有较多的教学资源,包括线上教学视频、学习题库、精美的教学课件以及做账的账本工具,还有历届学生的手工账。因此,本课程能够采用多种教学手段进行教学,平时除了在课上学习,还会利用各种线上教学资源让学生在课前预习、学习,课后巩固练习。

4.思政内容的教学切入

本课程以财会工作特有的职业道德为抓手,从理想信念、会计职业道德、创新创业、劳动品质、工匠精神等方面系统设计课程思政建设目标,融入"敬业""法治""诚信"等社会主义核心价值观和严谨细致、坚持准则、精益求精的会计职业素质,寓价值塑造于知识传授和能力培养,使学生掌握会计专业知识、具备岗位职业能力,树立会计职业操守。

根据会计职业岗位需求,优化课程内容,将思政要点切入基础知识、会计凭证、会计账簿、会计报表、会计档案等章节,以会计专业岗位要求的职业素质为逻辑起点,根据实际需要拆分思政元素,并与成熟的课程内容相融合,契合课程目标和教学重难点,结合社会主义核心价值观、新时代工匠精神、青少年理想信念等内容,在分拆知识点中挖掘会计职业道德、工匠精神、理想信念、创新创业、劳动品质等思政元素。

课程团队结合课程专业内容,建设了包括会计职业警示案例库、会计文化和会计工匠精神案例、自制微课资源等一系列思政教学资源,在教学过程中,精心开展教学组织与设计,综合运用多种教学方法和手段,采用案例布置、专题嵌入、主题演讲、手工领悟、案例分析、讨论分享、总结提炼等教学方法的有效组合,开展丰富多彩的教学活动,使课堂教学既严谨、规范,又生动活泼,提高学生的课堂参与度、抬头率。在激发学生学习兴趣的同时,思考如何在处理岗位工作时既精通专业,又遵守技术规范和相关法律法规,在平凡的工作岗位上,树立正确的工作态度、职业精神,实现人生价值。

（二）评价方式改革

表3　评价方式的内容

评价构成		分值	
形成性考核 （50%）	手工模拟实训	70	30
^	^	^	30
^	^	^	10
^	考勤	5	5
^	作业	15	15
^	课堂综合表现	10	10
期末考核 （50%）		100	70
^		^	20
^		^	10

本课程的评价方式改变了传统的唯分数的考核形式，采用理论与实训结合，将考试成绩占比降低，提高实训成绩的比例，这是一项重要改革。这种改革在减轻学生考试压力的同时，提高学生的实操能力，更加注重对学生实际做账能力的培养。这一改革更适应目前企业的需求，更有利于学生毕业后顺利适应会计工作岗位。

（三）具体评价方式及操作措施

1.评价依据

本课程为考试课，课程考核方式分为形成性考核（平时成绩）和期末考核（期末成绩），总成绩=平时成绩×50%+期末成绩×50%，其中过程成绩（平时成绩）=考勤×5%+作业×15%+课堂综合表现×10%+手工模拟实训×70%。

2.平时成绩评价构成及分值说明

本课程有4项考核内容，分别如下：

①考勤（5%）：本学期共考勤5次，教师根据学生出勤次数打分。

②作业（15%）：本学期共布置3次作业，教师根据学生平时作业提交次数及完成质量进行打分。

③课堂综合表现（10%）：教师根据学生主动参与课堂练习、讨论，以及课堂笔记的记录情况进行打分。

④手工模拟实训(70%)：教师根据学生的实训内容完成情况打分，以70分作为满分。

表4　凭证填制实验资料(总分值30分)

等级	优秀	良好	中等	及格	不及格
分值范围	30≥X≥27	27>X≥24	24>X≥21	21>X≥18	18>X
打分标准	实验完成及时，凭证填制正确，书写规范，项目完整，达到凭证填制要求	实验完成及时，凭证填制正确，书写较规范，个别凭证项目不够完整	实验完成及时，有个别凭证会计科目错误，书写基本规范，项目较完整	凭证填制有一些错误，书写欠规范，项目不够完整	有50%的凭证填制错误，书写不规范，项目不完整

表5　账簿填制实验资料(总分值30分)

等级	优秀	良好	中等	及格	不及格
分值范围	30≥X≥27	27>X≥24	24>X≥21	21>X≥18	18>X
打分标准	实验完成及时，总账、明细账登记正确，内容完整，总账、明细账数字平衡，书写规范	实验完成及时，总账、明细账登记正确，内容较完整，数字平衡，书写较规范	实验完成及时，总账、明细账登记基本正确，总账、明细账个别数字不平衡，书写不够规范	账簿完整，总账、明细账登记有一些错误，有的数字不平衡，书写欠规范	账簿不完整，总账、明细账登记错误较多，总账、明细账数字不平衡，书写不规范

表6　财务报告填制实验资料(总分值10分)

等级	优秀	良好	中等	及格	不及格
分值范围	10≥X≥9	9>X≥8	8>X≥7	7>X≥6	6>X
打分标准	实验完成及时，报告编制正确，内容完整，数字平衡，书写规范，符合要求	实验完成及时，报告编制正确，内容完整，数字平衡，书写不够规范	实验完成及时，报告编制基本正确，内容不够完整，有的数字不平衡，书写不够规范	报告编制不够规范，内容不够完整，数字不平衡	报告编制不正确，内容不完整，数字不平衡

三、育人效果

本课程教学取得了很好的效果。

1.学生能够很好地掌握会计的基本理论和基本方法,如会计的定义、职能、目标、对象、要素、假设、基础、会计核算的七大方法、会计信息质量要求等。

2.学生能够运用所学的理论和方法,对一家公司的账务进行完整的处理。在教学过程中,以一个实际公司作为案例,要求学生对该公司所有业务做一套完整的账出来。通过实训,学生能够从建账、填制与审核会计凭证、登账、对账、结账到编制报表整个流程进行简单的技能操作,具备基本的会计工作能力。

3.在整个教学和实训做账过程中,培养了学生的细心、耐心、责任心,能够树立会计专业意识;形成高尚的会计职业观念,遵守会计职业道德:爱岗敬业、诚实守信、廉洁自律、客观公正、坚持准则、提高技能、参与管理、强化服务。

会计专业对学生的动手能力要求很高,光有书本知识是不够的。通过教学方式和考核方式的改革,本课程在注重理论知识的同时,更加重视学生的实训操作能力,使学生能较快适应以后的会计工作。

社会心理学

课程负责人｜雷静

一、课程总体教学目标

课程总体教学目标为：在心理学视角下解决人力资源管理中的"人"的问题，培育具有人文精神、管理科学素养、诚信品质的应用型人才。旨在让学生掌握基本的社会心理学理论，学会从心理、社会、文化、人际互动的视角分析现实生活中个体、群体的心理与行为问题，具有获得感；健全完善自身人格，树立正确积极的自我观、人际观、婚恋观、择业就业观，让学生体验到幸福感。

其中，课程思政目标是：帮助学生健全人格，树立正确的价值观、拥有较高的幸福感。课程的价值引领、价值塑造在学生的无意识活动中完成，使得学生既有满满的获得感，又有获得内在价值力量的幸福感，让课程知识能力培养的目标和价值塑造的目标完美达成。

二、课堂教学改革的主要内容

（一）教学内容

教学内容安排上以教材为基础，融入当今中国社会背景下的热点社会心理问题。社会心理学课程是研究社会中人的心理及行为的学科，在不同文化背景下、不同时代背景下，人们的心理与行为表现都会有所不同。因此，在讲授一般社会心理现象的过程中,需要结合中国文化背景及当今时代背景,拓展教学内容,让学生学习到"接地气"的知识。

教学内容融入课程思政元素。通过分解提炼社会心理学课程思政的元素,力求让每一个小的元素与课程内容紧密相连,水到渠成,不牵强附会、生拉硬套。课程的教学目标不仅在于让学生学有所获,还在于让学生获得内在的成长,树立正确的价值观,体验到幸福感。因此,教学内容的设计还要有机融入课程思政元素,"教书"与"育人"并举。

(二)教学方法

1. 推进"情景剧教学法"在课程教学中的应用

课题组已经在教学中连续4年分别在2017级、2018级、2019级、2020级进行情景剧教学法的实践,取得了初步成效,也积累了教学改革的经验。接下来课题组将继续推进该教学法的应用,让学生在教师的指导下根据课程知识点主题自编自导自演情景剧,最后提炼并用PPT汇报的形式分享情景剧所涉及的社会心理学知识和想表达的思想内涵。同学们自主选择主题,编排表演情景剧并进行汇报,最后在分享汇报环节升华整个表演,寓教于行。

图1　情景剧《关系户》表演　　图2　在情景剧主题中融入思政元素

图3　社会心理学课堂教学改革成果汇报

2. 小组任务驱动教学法

将班级同学分成5~7人的小组，在课程教学中，布置课程任务如PPT汇报、情景剧表演，要求以小组为单位完成。教师给定任务后，让小组成员自主学习，合理分工、通力合作，共同完成任务。

（三）评价方式

1. 考核指标丰富化

将"获得感"与"幸福感"作为课程知识能力培养和价值塑造的指标，依据此标准对学生的评价方式进行改革。改革后的评价方式既评价学生知识、能力获得的情况，又评价学生在人格完善、正确的价值观树立方面的情况。

2. 过程性考核方式多样化

过程性考核方式以课程情景剧汇报表演、比赛、主题辩论等多种方式进行。

3. 评分主体多元化

学生和教师共同构成打分主体，形成"教师评价+自己评价+他人评价"三评合一的评价模式。

（四）教学手段

1. 课程的混合式教学设计

本课程主要采用线下教学与线上平台微课相结合的教学方式。由于课程目标的达成有赖于学生的实践，而线上课程缺乏教师对学生当面进行实践指导，所以将线下、线上的课时比安排为3∶1。线下教学为主，分配36课时。对于有"数字原住民"之称的"95后""00后"大学生，应把网络资源最大程度地利用起来。线下教学主要由教师讲授，学生通过团队实践（演讲、情景剧表演重要知识点）的方式进行。线上教学为辅，分配12课时。中国大学MOOC平台加入的南京大学陈昌凯老师的"心理学与生活"的部分课程与团队成员在超星学习通自建的微课、课后检测练习题是主要的线上教学资源。

2. 充分运用超星学习通上的数字化手段教学

传统的课堂已不能很好地调动"00后"的学习积极性，而在传统的"黑板+粉笔+PPT"的模式下，适当融入现代化的数字技术，可以一定程度解决课堂陈旧乏味的问题。利用超星学习通上的"抢答""主题讨论""选人"等功能激活课堂,能够让学生在趣味中思考与回答问题。

三、育人效果

(一)学生的"获得感"提高

学生在情景剧编、排、演、汇报中,运用社会心理学的知识解释社会心理现象的正确性与科学性比较高,进一步说明学生学有所获。从期末考试卷面成绩和平时过程性考核的情况来看,学生的期末成绩明显提升,过程性考核成绩"良"及以上等级的学生占比达到60%。

(二)学生的"幸福感"增强

通过前测与后测发现,学习后的学生,其人格更加完善、价值观更加积极、幸福感更强。学生的参与度提高了,获得感、幸福感、课堂满意度也有所提升。育人效果明显,"课程设计有特色、气氛活跃、注重讨论与参与、有成长、收获很大"是学生评教里面的关键词。

酒店运营综合实训

课程负责人｜陈菲菲

一、课程总体教学目标

本课程作为专业实践改革试点课程，将结合当前酒店业最新发展，以专业比赛与运营理论为基础，依托重庆市和学校资源，为同学们提供一个集合专业技能比赛、活动策划、文案写作、创意设计、营销宣传、活动筹备、现场执行、后期评估的综合实训课程。

通过课程的综合学习与训练，学生可以达到以下教学目标：

1. 认识课程要求和课程任务，掌握策划理论基础和专业相关知识。

2. 通过各项任务的训练，能够综合运用各项专业知识，具备酒店运营管理与服务、市场调研、相关形象推广与促销活动策划、主题宴会设计、活动执行等实际操作能力。

3. 了解学科，具有独立获取信息、提出问题、分析问题和解决问题的基本能力及创新创业所需要的探索精神、创新意识和实践能力。

4. 具有团队合作意识、服务意识、管理能力、良好的职业道德及敬业精神。

二、课堂教学改革的主要内容

(一)教学内容

本课程采用任务式模块教学,整个课程内容分成三大部分,第一部分是课程总论与策划基础,第二部分是专业场景实训,第三部分是课程项目任务总结。第一部分了解课程任务和安排,掌握策划方法与原理,通过这部分学习使学生巩固之前学习的专业基础知识,掌握策划方法;了解专业基础知识的重要性,引发学生对课程学习的兴趣。第二部分是课程的重点,大部分课时安排在这个部分,场景实训围绕专业知识的综合应用展开。这个部分的内容包含专业比赛、专业情景剧、项目运营、论文写作4个大项目,2019年版和2021年版的实训内容随着培养方案的调整,缩减了18个课时,因此4个项目中减去了论文写作项目。专业场景实训部分的内容包括但不仅限于以下项目,结合条件和环境的变化,具体内容会略做调整和替换。

1.专业比赛的内容分为客房、餐饮、调酒、侍酒师4项专业技能比赛,参照全国饭店服务技能大赛和葡萄酒侍酒师比赛的标准进行比赛设计,同时增加了技能文化短视频制作的板块,要求团队或者个人参赛,重点检验学生学习的酒店专业技能综合掌握能力。

2.专业情景剧的内容要求同学们熟知专业服务技巧和场景以及系列专业理论课程内容,结合企业实习经历、生活经历、行业认知等信息,分小组进行内容的融合和创新,设置情景讨论共同形成一个综合的服务案例;进一步开展服务案例剧本写作并进行排演,以情景剧的形式现场演绎出来;最后拍摄成短视频作品,成为我们以后案例教学的素材库。本实训任务重点检验学生运用所学知识和技能,结合专业资源进行情景构思、元素融合、剧本撰写,锻炼和提升情景剧表演和视频制作的综合能力。

3.项目运营环节的设置要求同学们综合管理学、市场学等基础进行商业计划书的撰写和活动策划与执行。商业计划书需要运用管理学原理、市场学、财务管理等课程知识,运营项目的内容也涉及大家对茶艺、烘焙、咖啡、调酒、红酒等实践技能课程的创新设计,同时也是策划知识部分的应用。活动执行需要大家根据商业计划书的内容设计主题活动,并做活动前的筹备、现场执行以及活动后的评估总结。通过这个任务检验同学们综合运用所学知识和技能,结合专业资源进行实践运营的能力;难点在于设计活动并进行宣传和实际的财务收支掌控。通过整个第二部分专题的学习和实践,培养学生的创新意识和动手能力,以及对专业知识的综合应用的进一步掌握。

第三部分课程项目任务总结,通过本学期的课程学习和参与,每一位同学进行自我总结与反思,分享自己在每个任务过程中的学习与成长,总结自己的收获和感受。教师也会进行综合点评,肯定同学们做得好的地方,提出可以进一步提高和改进的地方。

本课程从2017级酒店管理专业的学生开始教学,到现在已经经历了5年的教学过程,每一届学生的反馈都是正向的,而且同学们对这门课的喜爱程度一直在提高,普遍反馈这门课程是自己所有课程里面真正学习到实用技能最多的课程,并且通过任务式的模块发布内容,小组合作完成,大家的团队合作能力、沟通协调能力都大大提升;同时,通过几大任务的锻炼,大家的文案撰写、创意策划、视频制作、活动执行等能力得到了切实的提高,并且在完成任务的过程中,教师持续给出学生指导与完善任务的意见与建议,学生也在这个过程中从最初的对任务要求懵懂不清楚,到最后真正理解到任务的核心要求并且能够较好甚至能很优秀地完成任务,收获颇丰。

(二)教学方式

本课程突出学生为中心,因此在教学方法上不同于传统的课堂讲授模式,每个板块都是以任务为导向,通过发布任务要求,同学们以小组为团队合作完成任务,教师只在课程开始时进行课程任务及课程要求的讲解,在整个任务的完成过程中给予学生持续指导与改善意见,关注学生任务完成的进程。通过专业比赛、创意视频剪辑、角色扮演、情景剧演绎、活动策划与执行等方式,充分调动学生学习的自主性和积极性,增加学生的思考及互动。同时,课程结合真实的专业比赛要求和标准来设置任务环节,学生的课程成果转化为比赛成果,并且情景剧剧本和视频可以作为专业教学案例库,通过综合训练培养学生独立获取信息、提出问题、分析问题和解决问题的能力及创新创业所需要的探索精神、创新意识和实践能力。

(三)评价方法

成绩评定:总成绩应由实训成绩、平时成绩和期末成绩构成,其构成比例为:总成绩(100%)=实训成绩(80%)+平时成绩(10%)+期末成绩(10%)。考核采用合理的、多维度的过程性考核方式进行。

考核内容与计分细则如下。

1. 实训成绩(80%)

3项任务的分数占比分别为35%(专业比赛)+30%(专业情景剧)+35%(项目运营),形成实训成绩100分,折合成总成绩的80%。

2. 平时成绩(10%)

由考勤50分、平时表现30分、学习情况20分构成平时成绩100分满分,折合成总成绩的10%;其中小组组长对成员有平时表现10分的打分权,提交相关资料不全的同学或小组,平时成绩为0分。

3. 期末成绩(10%)

围绕课程收获,进行实训总结。

(四)教学手段

分享研讨法、课堂讨论法(头脑风暴、小组讨论)、案例分析法、启发法等。

数学建模

课程负责人｜白云娇

一、课程总体教学目标

（一）总体教学目标

从重庆人文科技学院的实际情况出发，收集相关院校的信息，在调查研究的基础之上改革数学建模课程的教学内容，编制新的教学大纲、教学案例，为学生提供适应时代所需的教学体系和教学内容。将课程思政元素恰当引入教学中，编写教材，制作相关的多媒体课件、应用案例、教学视频。增加学生课堂表现的考核比重，并在考核中引入分组协作提高学生沟通交流的能力和团队协作意识。在取得成效的基础上加以推广和应用，达到数学课程的能力目标，使大学数学知识帮助学生形成严谨的逻辑思维和较好的综合素养，并将这些知识作为工具用于处理一些实际问题，同时也能够成为学生学习专业课程的理论基础。

（二）课程思政教学目标

达到国家对课程思政的建设目标。学生的政治素养、专业素质、人文修养、思想道德和精神品格的高低，关系着国家和民族的未来。政治理论课是学生树立正确价值观、人生观、世界观的主要途径，将各类课程与思想政治教育相融合是国家建设的基本要求，也能促进高等教育质量的进一步提升。将课程思政融入数学建模的目的是帮助学生从数学的学习者成长为数学的应用者，让他们充分了解并掌握如何利用数学知识研究社会、经济、环境、工程等现实问题；让他们用数学的专业语言来描述和研究大千世界，用数学的方式去认识世界，激发他们的爱党爱国之情，从而树立正确的学习观与事业观。

二、课堂教学改革的主要内容

(一)问题现状分析

当前，要响应落实高校"三全育人"的工作要求，进行线上线下的混合式教学模式，数学建模课程还表现出一些不足。课题组成员在教学过程中发现，主要存在以下5个方面的问题。

1. 教学内容方面

课程内容设置较少考虑学生基础和偏好，教学要求千人一面。教学大纲基本根据传统的教学要求和教师以往对此门课程的认知编写而成，欠缺与近年来发展需求的贴合和与实际应用的紧密结合。

2. 教学方法方面

学生数学基础较为薄弱，而目前我校使用的，也是许多院校使用的数学建模教材(《数学建模算法与应用》，司守奎、孙玺菁编著，国防工业出版社，2011年第1版)在内容上涉及的数学分支较多，运用的数学知识较深，模型较大且复杂。同时，教材中的数学模型接近生活实际、具有趣味性和通俗性的案例较少，以往的教学方法对许多学生来说较难适应。

3. 评价方式方面

当前对学生的成绩考核是由平时成绩、实验成绩、课程论文3个部分组成，考核内容较为机械和单一，且不能较全面反映学生的课程学习情况。

4. 教学手段方面

教学手段比较落后，教师在教学上大多采用PPT加板书的传统教学方式，基本没有其他选择，学生缺乏参与度，从而失去了对数学建模的学习兴趣和动力。

5. 课程思政方面

当前数学建模课程仅仅基于课程自身的知识内容教学,对课程思政挖掘的深度不够。以往进行的关于课程思政的改革也只是针对教学内容中几个零散的知识点,并没有对数学建模课程整体进行系统的研究以及思政内容的全过程覆盖,挖掘的广度不够。

基于此,一方面要在教学内容上进行改革,另外一方面在教学手段和教学方法上也要变革。学校数学建模团队要尝试深入挖掘数学建模中的思政元素,将数学建模与当前中国社会发展的热点问题联系起来。课程以推进社会主义新时代"五位一体"为核心,对数学建模教学中的问题进行重构,具体包括经济建设、政治建设、文化建设、社会建设、生态文明建设5个方面,在建设的数学建模课程中引入课程思政的内容,比例不少于30%,并编写相应教材。同时采用线上线下的混合式教学模式。课程考核中增加思政内容,实验项目以及课程论文题库都融入思政元素,让学生面对带有课程思政的实际应用问题,尝试用建模的方法解决。我们希望通过这些方式充分挖掘思想政治教育与数学建模课程的关联性,加强对学生的世界观、人生观和价值观的教育,积极引导学生树立正确的国家观、民族观、历史观、文化观。

课题重点对本校本科数学建模的教学内容、教学方法、评价方式、教学手段等进行改革与实践,并收集其他院校的相关教学信息进行总结研讨、借鉴。调整并建立新的课程教学体系,根据思政需求来设置教学内容、教学方式,建立丰富的教学资源让教师之间、师生之间、学生之间能够进行交流和学习。使数学建模课程的教学内容体现创新性和实用性,具有层次化、适应化的特色;加强师资队伍建设,形成一支结构合理、教学水平高的课程思政教师团队。课题的成果对提高本校学生的数学建模能力及完善学校的思想政治教育体系具有重要的现实意义和促进作用。

(二)具体改革措施

1. 教学内容方面

根据"问题现状分析"中的教学内容,调研学生的学习需求,编制符合学生学习需求的教学大纲、教学日历和教学案例。

2. 教学方法方面

根据"问题现状分析"中的教学方法、学生的数学基础及开设的专业课程顺序,对章节进行适当取舍,融入思政元素。采用案例式教学,每个案例给出相应的Matlab代码。

3. 评价方式方面

本课程考虑采用全过程学习的考核模式。建立课程论文题库和实验项目库,增加学生课堂表现的比重,在考核中引入分组协作提高学生沟通交流的能力和团队协作意识。将课程的整体考核分解为课程论文考核、实验项目考核、课堂表现(包括个人和分组的形式)等,课程成绩将利用综合评价的方式,给出每个部分的权重,利用加权法得出最终考核成绩。

4. 教学手段方面

制作相关的多媒体课件、生动有趣的教学案例和教学视频,采用线上线下协作的混合式教学,激发学生兴趣,促进学生自主学习。

5. 课程思政方面

根据"问题现状分析"中的课程思政以及数学建模课程的特点,在案例教学中加入思政元素,将数学建模与当前中国经济社会发展的热点话题联系起来。同时体现最新的党的政策与精神,让学生在学习时,不仅能够提升专业水平,还能提升政治素质、人文素养、思想品德、价值取向等多个方面。具体实施时,我们以"五位一体"的方式重构案例体系。

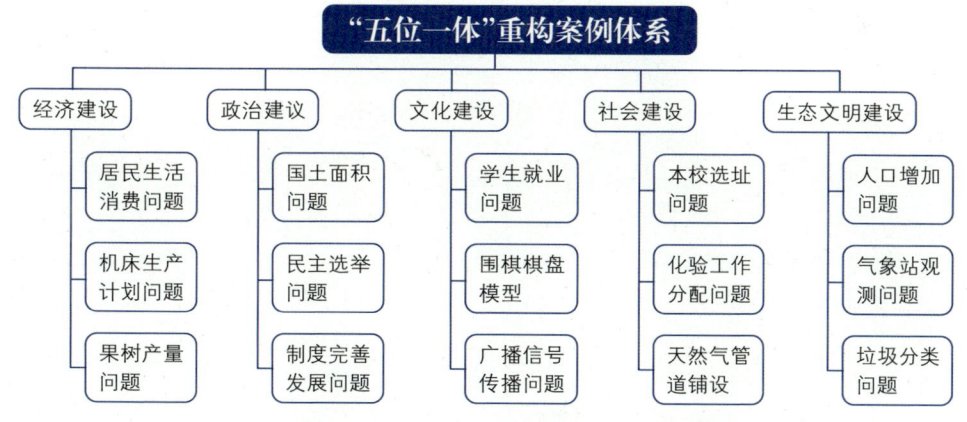

图1 "五位一体"下数学建模课程重构的方法思路

从图1中可以看出课程在5个方面选择和制作的一些案例,比如通过人口增加问题,学生将了解我国不同时期下人口政策的不同;通过垃圾分类问题,学生能了解目前我国环境问题的现状,要推进绿色发展,建立健全绿色低碳循环发展的经济体系;通过学生就业问题,学生可以了解大学生应肩负起的时代赋予的历史重任,应对自己的未来做出合理的规划;通过国土面积问题,学生可以了解历史上我国疆域的变迁,体会领土是一个国家行使主权的空间,祖国领土神圣不可侵犯。通过这些案例的讲解,在内容上拔高课程的高度,以更高的视角来对课程内容进行设计和重构。

三、育人效果

1.在期末考核的课堂表现一项中引入分组协作机制,进一步提高学生沟通交流的能力和团队协作意识。

2.在每章内容中都融入课程思政的元素,且每个教学案例都不重复。课程内容包含近期国家出台的重要政策、国家改革发展取得的突出成就、国家下一阶段发展的重要方针措施、当前国家发展所面临的突出问题等。将整个课程的教学内容设计与中国的发展紧密联系起来。这样可以让学生在掌握专业知识的同时,增加文化自信、文化认同感及新时代大学生的责任感和使命感。

3.在建模课程论文和实验项目方面,紧密联系国际及国内时事热点问题。例如环保问题、人口发展问题、工程建设问题、经济增长问题、国际合作问题等等。从这些现实问题中努力挖掘数学建模的元素,同时紧密围绕课程思政的中心要求进行课程方面的作业设计,有助于提升学生的政治素质与专业水平。

工程图学

课程负责人 | 罗双宝

一、课程总体教学目标

工程图学课程是机械工程专业的技术基础课,通过基础投影的学习掌握绘制和阅读工程图样的方法,重在培养学生的形象思维能力、图形构思能力、基础图形表达能力和高阶创新设计能力,提升学生自主学习和团队协作的能力。

具体目标有以下4个。

课程目标1:掌握与工程基础技能相适应的设计和表达的基本理论,熟知国家制图标准及规定,培养标准意识。

课程目标2:具备绘制和阅读工程图样的能力,能够理解工程图样所提供的产品设计和制造信息,具有合理评价表达方案、优化图样表达方案的能力,培养形象思维和设计制造的全局观。

课程目标3:具有自主学习的习惯与能力,以及沟通交流、表达的能力,培养团队协作精神、大国工匠精神,提升专业热情。

课程目标4:树立正确的人生观、价值观,具有较强的工作责任心和良好的职业道德,以家国情怀增强民族自信。

二、课堂教学改革的主要内容

2016年6月2日,我国正式加入工程教育学位互认协议《华盛顿协议》。通过工程教育认证,加强了高等工程教育与工业界的联系,对保障高等工程教育质量具有重要意义。工程教育专业认证遵循3个基本理念:成果导向、以学生为中心和持续改进,以保证专业教育质量和专业教育活力。OBE(Outcome-based Education,成果导向教育)作为基于学习产出的教育模式,已被工程教育专业认证协会所采纳。以培养学生能力为宗旨的教育和以学生能力达成为目标的学习在我国工程教育改革中具有重要意义。

工程教育认证标准对课程培养目标的要求更高,更注重对学生能力的培养和行业的需求。工程图学作为机械类专业工程教育的第一门基础课程,有必要拓宽课程目标维度,进行课程边界和课程内容的重构,培养学生的创新实践能力,让学生主动学习、发现问题、解决问题。为适应新工科《工程教育认证标准》和《普通高等学校本科专业类教学质量国家标准》对机械工程专业的毕业要求,培养具有识别、表达和解决复杂机械工程问题能力的创新型应用人才,改革工程图学课程教学体系,为此,重庆人文科技学院以专业认证为契机,将大学生机械创新设计大赛和全国大学生先进成图技术与产品信息建模创新大赛引入工程图学课堂,以促进本课程的教学模式从"教得好"向"学得好"转变,实现工程图学课程建设"两性一度"的要求。教师根据多年的教学经验和OBE教学理念,对工程图学课程进行了全面的教学改革。

(一)传统课堂教学现状和存在的问题

信息时代,数字建模与虚拟仿真已成为工程技术人员就业必备的能力要求,倒逼工程图学课程教学除了传统的手工绘图,还需引入AutoCAD作图和三维建模的相关内容。但随着工程教育专业认证的开展,工程图学课程的授课时数非但没有增加,反而还在不断缩减,由此引发的教学内容和授课学时的矛盾,导致教师无暇顾及学生的差异性"一样灌",不利于学生创新思维的培养,更谈不上解决复杂工程问题能力的培养。

工程图学是一门应用实践能力要求很强的课程,以课堂面授为主,学生理解困难,大部分高校仍采用以期末闭卷笔试确定成绩的陈旧的考核方式,即使卷面成绩不错,也不能完全证明学生综合应用相关知识的能力,不利于学生学习能力、解决问题的能力、创新能力和工程意识的培养与提高,在知识体系上也不能对后续专业课程进行有效支撑,学生的工程应用能力难以增强。工程图学传统课堂时间主要用于理论知识的讲授,偏重学生的共性,忽视了专业和个体的差异性,"齐步走"的灌输式教学使学生处于被动地位,学生的创新能力得不到充分的培养、有效的发展。要实现新时代创新人才的建设目标,对课程教学模式的改革势在必行。

欣欣向荣的"互联网+教育"为工程图学传统课堂教学模式的改革打开了一扇窗,线上教学的优势显而易见:(1)学生可以根据自身对知识点的理解情况决定反复学习的次数,有益于差异性教学;(2)学生可以根据教师制定的线上学习计划自主安排学习时间,处处可学、时时能学,提高了学习的自主性。随着线上教学的大规模开展,线上教学的不足也日益显现:第一,如何提高学生的工程思维和解决工程实际问题的能力?目前,教师授课以知识传授为主,学生的图学思维能力和创造力培养环节缺失,与现代制造的工程实际结合度不足,缺乏工程实践训练,导致高阶性学习目标的达成度低,与行业及专业认证协会对工程制图课程提出的更高要求相悖。第二,如何实现以学生为中心的教学设计?如何实现师生互动、生生互动?本课程的特点是学时少,内容多,强度大,学生的形象思维能力不同,"满堂灌""一刀切"的传统教学方法无法满足学生个性化、差异化的学习需求。第三,如何将思政元素和课程教学有机融合?这要求教师在课程教学的各个阶段,帮助学生建立正确的人生观、价值观,达到春风化雨、润物细无声的教育效果,培养学生的科学探索精神、工匠精神、学术诚信。

(二)课程内容、教学资源建设及应用情况

结合重庆人文科技学院"厚德笃行,求真创造"的办学定位和新工科建设行动计划,根据工程图学课程的目标,工程图学课程的内容包括国家标准、几何元素的投影、立体投影、组合体、轴测图、机件的表达方法、标准件和常用件、零件图、装配图、计算机辅助设计等,每章根据知识点融入相应思政元素,以"投影理论—制图基础—图样表达方法—综合应用"的层次性体现透过现象看本质的高阶创新思维方式。由于工程图学课程是专业基础课,因此在创新性、高阶性和挑战性方面需理论与实践相结合,给定不同小组不同的模型,学生进行测绘、三维建模,之后完成手工草图、AutoCAD零件图和装配图、SolidWorks零件建模、爆炸视图,部分学生能完成拆装动画任务,最后以分组汇报形式进行答辩。

工程图学课程需要线上线下教学相融合,对于简单记忆类的知识点,学生进行线上自主学习,完成线上测试。本课程组已经完成所有课程的微课录制,并上传至重庆高等教育智慧教育平台。对于核心和重点内容,教师在学生在线学习的基础上,安排课堂教学。在课堂教学中,学生以总结、汇报、讨论等形式

梳理知识点,之后通过作业与实践加强和巩固所学知识。

工程图学课程教学具体可划分为课前准备、课堂教学、课后巩固、强化实践4个阶段。教师在教学中通过某一简单的产品图纸,指导学生建立三维模型,通过装配理解定位、装配的概念,制作装配动画,熟悉拆装过程;在提高装配图、零件图的读、画能力的基础上,通过零件的三维模型、装配样机,以OBE教学理念培养学生的设计与制造工程意识、工程师素质与意识。

成绩评定包括形成性考核和期末考核。形成性考核包含课堂表现、课堂作业和课堂实验。其中,课堂表现要求学生完成在线教学视频学习,课堂作业要求学生完成在线教学视频的相关作业,课堂实验要求学生完成在线教学视频的期中测验。期末考核由教务处统一安排时间和地点。

(三)持续吸引

教师虽然是教学活动的导演,但不能自导自演,只有持续吸引学生的积极参与才能使线上线下教学"生"动起来。

1. 课前准备

针对课前预习视频的知识点,系统随机组卷20套,每次5道题,题型只有单选题、多选题和填空题3类,系统自动改卷,课前答题即可,答题后马上有错题分析,帮助学生课前理解和掌握知识点,为课堂教学打好基础。实践发现,由于课前测计入平时成绩,所以10min以内课前测不仅不会增加学生的负担,还对提升学生自主学习的积极性有较大的激发作用,使视频预习不走过场,有效推动了线上学习的质量。学生课前对知识点的理解程度不同,课前测的部分题目也成为学生在教学平台发起讨论较多的话题,大大活跃了讨论区的学习气氛,使得课前测成为一种常态化的学习方式。

2. 互动

师生互加微信和QQ,大部分交流的还是本门课程的学习问题,其中大部分是共性的问题。现在通过教学平台可以直接在本课程专区提问和讨论,避免了翻找联系人的麻烦,并且学生之间经常就互相回答了,提升了学生自主学习的积极性。教师结合作业的亮点、难点和易错点也可以发起一些讨论和投票,例如:"同学们觉得线的投影的思维导图哪张最好""这3组视图,大家来找不同""这组构型设计,老师觉得非常好,你们还有没有更好的想法"等,激发学生自主交流的积极性。

3. 互评

组合体的给二补一、剖视图和螺纹紧固件的画法等都是作业的雷区,实践证明仅靠课堂讲解效果并不好,现采用学生按照评卷要求"改卷"互评的形式,让学生在扣分的过程中感同身受,激发学生学习的原动力,提升学生自我管理的积极性。

4. 表扬

用心寻找学生线上线下的闪光点。虽然学生已经是大学生了,但表扬的作用依然强大,作业质量有明显进步的同学、长期表现优秀的同学、构型设计有创意的同学、善于发现和提出问题的同学、积极参与问题讨论的同学等,教师都在课堂予以表扬鼓励,用"榜样意识"带动大家一起进步。

(四)工程图学的课程特色和教学创新点

将二维投影与三维辅助设计教学内容合理融合,更符合工程的实际需求。工程图学课程将基础教学与创新能力培养相结合,除了融入创新元素和创新意识外,还和机械创新设计大赛相结合,从学生中选拔参赛选手,能够激发学生的学习兴趣,调动学生的学习积极性和主动性。工程图学课程还可结合生产实践,提高学生的工程师素质,学生通过三维造型技术和3D打印技术将产品图纸转化为实体零部件,进行实体装配、拆解,培养设计和制造的整体工程素质。

1. 工程图学课程的思政元素"润物细无声"地融入日常教学中

教师将中华古籍《考工记》和《天工开物》的内容引入工程图学教学中,弘扬中华文化,激发学生的学习热情。教师从名人逸事中挖掘思政元素,并将其运用在工程图学教学中,这些与工程图学相关的名人逸事往往可以收到"以小故事开启新思路"的效果,对学生起到激励和引领作用,而且与工程图学课程相关的名人逸事素材内容丰富,可以从多个角度挖掘思政元素,引起学生共鸣。

2. 重庆高等教育智慧教育平台+课堂教学+研讨+实践等教学模式相融合

工程图学教学将传统教学模式的优势与现代教育技术相融合,配有自己研发的工程图学虚拟实验室,体现"以学生为中心"的理念。

3.将三维造型技术、曲面分析技术和3D打印技术融入教学

工程图学教学融入学科前沿知识和技术及企业需求的技能,注重工程意识、工程能力、工程技能的培养,并使之贯穿教学的全过程。

4.实施过程性考核,成绩评价多元化

工程图学教学实施过程性考核,成绩评价多元化,这在一定程度上提高了教学质量,调动了学生的学习积极性,提升了学习效果。

(五)结论

基于OBE教学理念的工程图学线上线下混合教学模式是一种以学生为中心,引导学生自愿投入、形成认知,激发学生自主学习积极性并提高教学质量的教学模式。它改变了传统课堂教师和学生的角色,在设计与驱动线上教学活动的过程中教师要积极与学生沟通,把握好节奏和强度,既要统筹理论知识的多维性,又要注重创新思维能力的培养;既要有效推进教学理论的丰富与发展,又要有益于人才培养质量和创新能力的双向提高。在混合教学模式实践的过程中,会不断遇到新问题、新挑战,但只有以学生为中心不断探索和改进适合课程特点和学生发展的教学模式,才能持续吸引学生的关注和积极参与。

高等数学

课程负责人 | 俞兴木

一、课程总体教学目标

高等数学课程是高等院校理学（非数学）、工学等各专业学生的专业必修课，是一门重要的基础理论课和工具课，具有高度的抽象性、严密的逻辑性和广泛的应用性，对培养和提高学生的思维素质、创新能力、科学严谨的治学态度、利用所学知识解决实际问题的知识迁移能力有着非常重要的作用。

学生通过本课程的学习，能够掌握高等数学的基本概念、基本理论与基本运算；能在诸多教学环节中逐步提高抽象概括能力、逻辑推理能力、形象思维能力和自主学习能力；能运用数学方法识别、表达和分析工程问题，提高解决实际问题的能力；能为学习后续课程打好必要的数学基础。

（一）知识技能层面

掌握微分学、积分学、常微分方程、向量代数与空间解析几何的基本概念、性质、定理和基本运算技能，为学习后继课程奠定必要的数学基础。

（二）能力培养层面

提高逻辑推理能力、抽象概括能力、形象思维能力和自主学习能力，能够识别、表达和分析工程问题。

(三)情感价值(课程思政)层面

养成不骄不躁、科学严谨的治学态度,能够实事求是、客观全面、冷静理性地分析和解决实际问题。

二、课堂教学改革的主要内容

本课程主要围绕以下目标持续开展系列改革:将思政元素巧妙融入课程,引导学生树立和践行社会主义核心价值观;课程内容体系更加合理,适应学习发展需要和人才培养定位,与毕业要求能确立清晰的支撑关系;实现线上线下分层同步教学,教师在数学课程教学实践中能够深入贯彻OBE教学理念,注重能力目标的达成;平时的过程考核具有针对课程目标设计的考核内容和评分标准,考核方式和考试内容能够用于有效证明课程目标的达成。

(一)基于"工程教育认证标准",改革教学内容

1.持续挖掘思政元素,融入大纲、融入教案、融入课程教学全过程

例如,对第一章第二节数列的极限,它是大一新生真正意义上开始接触高等数学的内容,是后续一般函数极限等学习内容的基础,且极限思想又贯穿于高等数学课程的始终,其重要性不言而喻。但是由于极限思想的深刻性和数列极限精确定义的高度抽象性,使得本节内容经常成为学生学习的难点之一,很多学生会因为受到本节课内容的打击而丧失对高等数学学习的兴趣。因此,教师在授课时采用启发式教学、案例式教学等方法引导学生学会思考分析数学理论,用数学史讲述极限思想的来龙去脉,用数学家的故事激励学生,提高学生学习的积极性和参与度。

提出问题环节:借助《庄子·天下篇》和刘徽"割圆术"导入课程,引导学生感受我国古代朴素的极限思想,激发学生的文化自信。

解决问题环节:在重难点的剖析过程中,运用归纳概括、数形结合等数学方法培养学生的理性思维和推理能力,启迪学生领会从具体到抽象、从感性到理性的研究思路;在整个过程中,注重问题驱动,培养学生的批判性思维和严谨求实的科学精神。

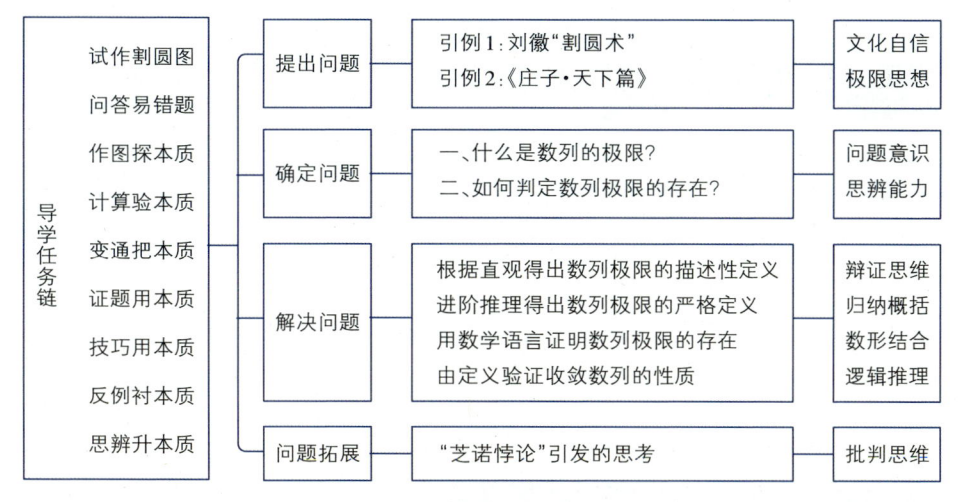

```
                                                          ┌─ 引例1：刘徽"割圆术"    ┐   文化自信
        ┌─ 试作割圆图  ┐ ┌─ 提出问题 ─┤                        ├─  
        │  问答易错题  │ │            └─ 引例2：《庄子·天下篇》 ┘   极限思想
        │  作图探本质  │ │
  导    │  计算验本质  │ │            ┌─ 一、什么是数列的极限？  ┐   问题意识
  学  ──┤  变通把本质  ├─┤ 确定问题 ─┤                          ├─
  任    │  证题用本质  │ │            └─ 二、如何判定数列极限的存在？┘  思辨能力
  务    │  技巧用本质  │ │
  链    │  反例衬本质  │ │            ┌─ 根据直观得出数列极限的描述性定义 ┐   辩证思维
        └─ 思辨升本质  ┘ │ 解决问题 ─┤  进阶推理得出数列极限的严格定义    │   归纳概括
                         │            │  用数学语言证明数列极限的存在      ├─  数形结合
                         │            └─ 由定义验证收敛数列的性质          ┘   逻辑推理
                         │
                         └─ 问题拓展 ─── "芝诺悖论"引发的思考 ─── 批判思维
```

图1　导学任务链

又如，在第一章第六节，教学内容是两个重要极限之一，也是求解极限的一个基本方法，相比较第一个重要极限，其应用更广泛、更灵活，但是也更为抽象。尤其是对作为结果的无理数 e，学生虽然在对数函数中已经接触到，但不像 π 那样熟悉，内容比较抽象，且教材中只给出了公式的推导，并没有给出公式产生的渊源，因此造成了学生认知的困难。因此，我们结合数学史和实际问题讲述此重要极限的来龙去脉，用数学家的故事激励学生，提高学生学习的积极性和参与度。

问题引出环节：通过古代复利问题和数学寓言故事引发学生的思考，引导学生从数学史中寻根溯源，开阔视野，汲取营养。数学历史在帮助学生理解知识的同时，也提升了学生整体的文化素养。

解决问题环节：在重难点的剖析过程中，结合实际问题，通过数据分析、归纳抽象、逻辑推导等数学方法实现问题解决，培养学生的问题意识和推理能力，启迪学生领会从具体到抽象、从感性到理性的研究思路；利用数学家的故事，激发学生不懈努力的奋斗精神。

2.调整课程内容体系，适应学习发展需要和人才培养定位，与毕业要求确立清晰的支撑关系

以应用、实用和适用为基本原则，淡化理论并突出实践。结合应用型本科的特点，对比较烦琐的定理、公式的推导和证明尽可能只给出结果，或简单直观地给出几何说明；对例题的选择由浅入深，讲述尽可能深入浅出，力求具有一定的启发性和应用性。

表1　学习内容对课程目标的支撑关系

序号	章/单元/专题/实践	课程目标1	课程目标2	课程目标3
1	函数与极限	√	√	√
2	导数与微分	√	√	√
3	微分中值定理与导数的应用	√	√	√
4	不定积分	√	√	√
5	定积分	√	√	√

表2　课程目标与毕业要求的支撑关系

课程目标	支撑的毕业要求	支撑的毕业要求指标点
课程目标1	毕业要求1（H）	工程知识
	毕业要求2（H）	问题分析
	毕业要求3（M）	设计/开发解决方案
	毕业要求4（M）	问题研究
	毕业要求5（M）	使用现代工具
课程目标2	毕业要求1（H）	工程知识
	毕业要求2（H）	问题分析
	毕业要求3（M）	设计/开发解决方案
	毕业要求4（M）	问题研究
	毕业要求5（M）	使用现代工具
课程目标3	毕业要求1（H）	工程知识
	毕业要求2（H）	问题分析
	毕业要求3（M）	设计/开发解决方案
	毕业要求4（M）	问题研究
	毕业要求5（M）	使用现代工具

（二）基于"工程教育认证标准"，改革教学方法和手段

工程教育认证标准中"毕业要求"板块指标点3.12的内容为：终身学习，具有自主学习和终身学习的意识，有不断学习和适应发展的能力。

本标准强调终身学习的能力，是因为学生未来的职业发展将面临新技术、新产业、新业态、新模式的挑战，学科专业之间的交叉融合将成为社会技术进步

的新趋势,所以学生必须建立终身学习的意识,具备终身学习的思维和行动能力。

本标准项的内涵从下列角度进行理解:

(1)能在社会发展的大背景下,认识到自主和终身学习的必要性;

(2)具有自主学习的能力,包括对技术问题的理解能力、归纳总结的能力和提出问题的能力等。

本标准项描述的能力可通过具有启发和引导作用的课程教学方法,以及课内外实践环节来培养和评价。

由于学生的数学基础、领悟能力不同,传统的统一授课、统一进度的上课方式以及学习时间、地点相对固定的限制,使得学生的个性发展受限,有问题也不能得到及时解决,学生缺乏主动性。

因此,我们利用互联网技术与信息化课程相融合的形式,改变传统课堂式教学,实施BOPPPS教学模式。

借助超星泛雅网络教学平台,利用平台支撑的教师端、移动端和管理端,分别对应开展课堂教学、学生自学和教务管理,涵盖课前、课中、课后日常教学全过程。

课堂教学功能,如投屏、随机提问、课堂小测试、在线问卷等,既提高了课堂互动活跃度,又给教师带来了高效便捷的体验。通过简单便捷的几个步骤快速建立一门混合式课程的教学框架,后续根据教师自身课程所需将知识要点以视频、图片、链接等形式填充进去,从而形成一门充实完整的混合式课程。

移动端让学生在学习在线课程的过程中遇到的问题能得到及时的解决,在线学习不再是单向输出的形式,而是双向互动的形式,解决了传统"灌输式"教学中学习者被动学习、缺乏创新等问题,实现了个性化主动教学,真正发挥"互联网+"的优势。通过真实师生高效互动平台,一方面解决了传统课程授课方式存在的弊端,另一方面拓展了课程服务对象,创新性地发展"互联网+"的教育模式。

本课程以视频课堂为基础,鼓励学习者利用分散的时间进行有计划的学习和课后复习,并利用在线系统,及时反馈和答疑,真正地发挥学生的主体能动性。本课程还为学习者提供课程的教学大纲、电子教案、学习指导、在线测试等多种教学内容,具有较强的指导意义。

(三)基于"工程教育认证标准",改革评价方式

工程教育认证标准中"教学过程质量监控机制"板块的指标点4.1的内容

为:建立教学过程质量监控机制,各主要教学环节有明确的质量要求,定期开展课程体系设置和课程质量评价。建立毕业要求达成情况评价机制,定期开展毕业要求达成情况评价。

其内涵解释中相关表述如下:面向产出的课程质量评价是指评价应聚焦学生的学习成效,课程内容、教学方法和考核方式必须与该课程支撑的毕业要求相匹配。课程质量评价是质量监控的核心,也是毕业要求达成情况评价的依据。

由此,本课程基于超星泛雅一平三端智慧教学系统所积累的学习过程中师生活动的详细数据,形成教学工作大数据。用这些数据得出专业的学情分析报告,为过程性考核提供依据。

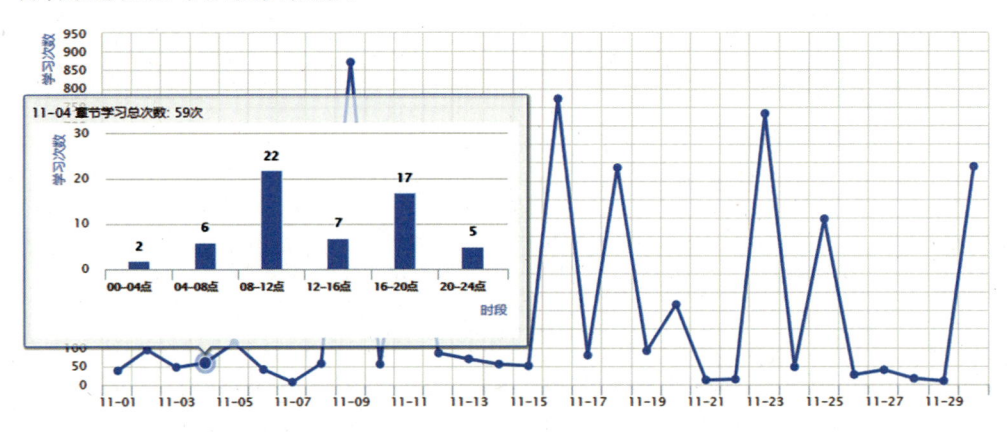

图2　学情统计图

为实现教学过程评价机制能聚焦毕业要求,课程评价能聚焦课程目标的达成以及支撑相应毕业要求指标点,平时的过程考核能针对课程目标设计考核内容和评分标准,考核方式和考试内容能够用于有效证明课程目标的达成。本课程采用以下评价构成和评价方式(表3、表4)。

表3　评价构成

评价构成		分值/分	对应的课程目标
形成性考核（30%）	平台数据	100 / 20	课程目标1、2、3
	平时作业	70	课程目标1、2、3
	考勤	10	课程目标1、2、3
期末考(核70%)		100	课程目标1、2、3

表4 评价方式

课程目标	支撑的毕业要求指标点	考核内容	所属章/单元/专题/实践	考核方式	成绩占比
课程目标1	1.(H)工程知识 2.(H)问题分析 3.(M)设计/开发解决方案 4.(M)问题研究 5.(M)使用现代工具	函数奇偶性、单调性、周期性和有界性;复合函数和反函数、极限、无穷小、无穷大、无穷小的阶、连续、间断点的概念	函数与极限	平台数据、课后作业、期末考试	40%
		导数、微分的概念,导数的几何意义、可导性与连续性的关系;高阶导数	导数与微分		
		罗尔(Rolle)定理、拉格朗日(Lagrange)定理、柯西(Cauchy)定理和泰勒(Taylor)定理	微分中值定理与导数的应用		
		了解原函数与不定积分的概念、不定积分的性质、基本积分表	不定积分		
		定积分的定义和性质;积分上限的函数及其导数,牛顿-莱布尼兹公式,反常积分计算	定积分		

续表

课程目标	支撑的毕业要求指标点	考核内容	所属章/单元/专题/实践	考核方式	成绩占比
课程目标2	1.(H)工程知识 2.(H)问题分析 3.(M)设计/开发解决方案 4.(M)问题研究 5.(M)使用现代工具	四则运算法则及换元法则求极限;两个极限存在准则(夹逼准则和单调有界准则),两个重要极限求极限;等价无穷小求极限;判别间断点的类型;连续性和闭区间上连续函数的性质(介值定理和最大、最小值定理)	函数与极限	平台数据、课后作业、期末考试	30%
		导数的四则运算法则、复合函数求导,基本初等函数的导数公式、初等函数的导数的求法;求隐函数、参数式所确定的函数及反函数的导数;用洛必达(L'Hospital)法则求不定式的极限;用导数判断函数的单调性和求函数的极值。用导数判断函数图形的凹凸性,求拐点	导数与微分		
		用洛必达(L'Hospital)法则求不定式的极限;用导数判断函数的单调性和求函数的极值。用导数判断函数图形的凹凸性,求拐点	微分中值定理与导数的应用		
		掌握第一类与第二类换元法,分部积分法,有理函数的积分	不定积分		
		定积分的换元法和分部积分法;牛顿-莱布尼兹公式,反常积分计算	定积分		

续表

课程目标	支撑的毕业要求指标点	考核内容	所属章/单元/专题/实践	考核方式	成绩占比
课程目标3	1.(H)工程知识 2.(H)问题分析 3.(M)设计/开发解决方案 4.(M)问题研究 5.(M)使用现代工具	两个极限存在准则(夹逼准则和单调有界准则)的应用,两个重要极限的应用	函数与极限	平台数据、课后作业、期末考试	30%
		导数的应用	导数与微分		
		求最值	微分中值定理与导数的应用		
		积分表的使用	不定积分		
		定积分求值	定积分		

三、课堂教学改革的成效

改革后的运行情况初步表明,基于超星泛雅网络教学平台的线上线下混合式精准教学模式能够实现教学的精准化、个性化,可以提升学生的数学学习成绩,使"学优生"数量增加,"学困生"数量减少;学生的自主学习能力、协作学习能力、自我展示能力等得到了提升;学生对数学的学习态度发生了正向变化;教师的教学效率和学生的学习效率得到提升;教师的信息化教学能力得到了提高。

不过,改革过程仍需面对一些问题,例如,教师依据平台的详细记录能及时发现并督促后进学生,不过应当注意方式方法,以表扬鼓励为主,避免伤及学生自尊导致效果适得其反;个别学生不乐意配合混合式教学,需要教师科学耐心地引导或采用备选解决方案。

现代教育技术应用

课程负责人 | 邱红艳

一、课程总体教学目标

现代教育技术应用课程是特殊的信息技术课程，是高等院校在计算机基础（或信息技术基础）课程之后，为培养师范生毕业后从事教师工作必须具备的现代教育观念、基于信息技术的现代教育手段和方法、具有将信息技术与课程整合能力的课程。现代教育技术应用涉及众多媒体、技术和理论，内容面广、量大且要求高。本课程着重介绍教育技术学的基础理论知识、教学设计、数字媒体技术、多媒体教学及其应用等。

通过本课程的学习，使学生树立科学应用教育技术的观念，增强现代教育意识，了解教育技术的基本内容，教育信息处理的方式、方法；掌握各类媒体资源的加工、处理与艺术化操作；能运用图像制作与处理软件、动画软件、演示文稿制作软件等工具设计制作相关教学资源及多媒体教学课件；掌握教学设计的基本理论和方法及教学评价的基本内容；掌握学科教学相关技术的知识和技能，能运用技术优化教与学的过程，初步具备把信息技术应用到教育实践中去的能力。

二. 课堂教学改革的主要内容

现代教育技术应用作为一门师范专业学生的专业教育课程，目的是培养师范生未来从事教师工作必备的现代教育技术能力。为达到更好的教学效果，传统的课堂教学已经不能满足教与学的需求，课堂教学改革势在必行。

(一)改革的思路

1. 教学模式应强调学生为主，教师为辅。
2. 教学内容要能激发学生学习的积极性，让被动学习变为主动学习。
3. 教学方式要重在训练学生的逻辑思维，提高学生自主学习的能力。

(二)改革的实施策略

1. 教学模式的改革

要真正实现学生为主、教师为辅，就要进行教学模式的改革，由传统的线下教学，改为线上线下混合教学模式，以学生为中心，立足于教材，同时合理利用在线开放课程资源，运用数字化教学工具，结合本校师范生实际情况对课程进行改革，将学生线上自主学习与线下面授有机结合，为实施翻转课堂、混合式教学等多样化教学手段提供可实现的条件，让学生真正参与到教学活动中。合理利用在线开放课程资源，为学生搭建起课前预习和课下自学的平台，实现在教师指导下先学。在此基础上，教师充分利用课堂时间进行重难点解析、知识技能的归纳与总结。

2. 教学内容的改革

要激发学生学习的积极性，让学生有兴趣学，主动去学，教学内容的改革尤为重要。本课程的性质决定了教学内容必须与信息技术在教学中的应用发展与时俱进，教学内容上需要不断补充新的理论与技能传授，将一些陈旧的知识点从教学内容中剔除，加重实际应用中使用更为广泛的新技能的比例，把学科最新发展引入教学内容中。本课程有大量案例的讲解和操作，注重课程思政的融入也是课程改革的重要部分。同时，结合学生的专业特点，选择适合的案例，让学生感受到学有所用，才能真正激发其学习的积极性和主动性。

3. 教学方法的改革

从单一的讲授型转变为多种教学方法并用。"多"是多种教学方法相结合，充分发挥线上线下混合式教学的优势，以学生为本，推行"讲授+案例练习+自主学习"的教学策略，自主学习和讨论交流学习相结合，课堂学习和课后思考相结合，基础理论讲授与最新研究相结合，理论学习与实践应用相结合，培养学生学习新理论、新方法的意识以及实践能力和社会适应能力。同时，不局限于掌握某一个应用软件的操作技能，而应通过学习让学生积累使用各类软件的经验，提高在未来工作中自主学习的能力。

4. 考核方式的改革

由于教育技术应用课程侧重点在应用，作为一门实训课程，课程评价和考核的方式应该更加注重过程性考核及实践操作能力的评价，考查的方式比考试更能达到有效检验学生学习成果的目的。

三、改革的成效

1. 教研活动更加求真务实。通过集中备课，确定各教学模块的重点、难点、授课形式和方法，教学活动规范性更强。

2. 为了满足线上学习的需求，积极设计制作教学资源如案例微课等，并实现资源共享。

3. 教师进行不定期的听课评课，加强了交流，丰富了教学经验，提升了教学技能。教师的知识储备和教学能力提高了，才能保障各项教学改革措施的顺利实施。

4. 通过逐步实施课堂教学内容、教学方法等一系列改革措施，教师感受到了学生学习状态及学习效果的变化，同时也促使教师团队根据这些变化做出相应调整。

课堂教学改革是一项系统工程，涉及教师、学生、教材、教学技术手段、教育思想和教学管理制度等等，要保证课堂教学改革的顺利实施，需要团队成员统一对课堂教学改革工作的认识，在教学的同时，积极进行科研探讨，定期开展教研活动，及时发现问题、解决问题，相互交流，共同学习。同时，也要注重不断更新和完善线上课程资源，研究教学策略，保证教学质量，以充分发挥混合课程的优势，完成各项教学改革措施。

室内软装设计

课程负责人 | 唐湘晖

一、课程总体教学目标

室内软装设计课程着重对时尚潮流和中国新时代生活美学文化的继承与发展，旨在个性化、定制化地满足人们对美好生活的需求。本课程将美育充分融入高等教育教学中，作为专业核心课程，利用线上优质资源实施线下实践项目的介入和串联，培养学生的审美观念、鉴赏能力、创造能力；学生具有美的理想、美的情操、美的品格和美的修养，能够在营造生活时提高审美能力。本课程以技术为手段，以市场为导向，理论与实践相结合，注重课程与专业教学向设计实践型和社会服务型转轨，形成我院环境设计专业的专业特色和办学方向。本课程通过弘扬科学精神、专业精神、工匠精神，造就精益求精的"精"技能型人才。

后期建设目标：

1.扩建校外企业实践基地；

2.课程成果平台建设；

3.重庆市一流课程准备工作。

二、课堂教学改革的主要内容

(一)教学内容

党的十九大报告提出,发展中高端消费,培育新增长点,形成新动能,挖掘传统文化和人文精神,结合时代要求继承和创新。党的二十大报告明确指出:必须坚持在发展中保障和改善民生,鼓励共同奋斗创造美好生活,不断实现人民对美好生活的向往。至此,建筑装饰装修行业积极转向创意软装设计和生产,满足人们对美好生活的需求。利用在线课程的优势,室内软装设计课程的第一部分为:鉴赏、实验、设计实践;第二部分为:室内软装设计的要素、软装风格、几大设计要素;第三部分为:了解它们的特点和搭配方法;最后,懂得室内软装的意境之美。本课程需要培养并树立学生良好的职业习惯和责任意识;在项目实践中,让学生认知、感受并培育工匠精神和劳动美德。将立德树人与传道授业同频共振,让"学懂弄通"与"践行做实"并行,增强学生求真学问、练真本领的学习内生动力,为新时代培养合格的德智体美劳全面发展的优秀人才。

课程类型与课程内容 ← 线上线下混合

- 第一部分(开放式课堂):
  鉴赏能力/设计能力
  实践能力/调研能力
  (线上+线下)

- 第二部分(自助式课堂):
  创意设计能力/学习能力
  激发主动性学习模式
  (线上+线下)

- 第三部分(模拟式课堂):
  协调能力
  综合实战能力
  (线上+线下)

图1 课程类型与课程内容

(二)教学方法

课程教学打破常规,结合教学内容,采用线上线下混合模式进行,自助式教学法、互动式教学法、开放式教学法、现场式教学法、演示动画式教学法等综合应用。通过实际项目的考察,现场感受认知,实现课程具体化、真实化、现场化,调动学生学习的积极性和主动性;通过实际项目案例的调研,能够更加有效且有针对性地提升学生的学习技能。

课程特点: 四个能力+三类课堂

1.专业设计能力 2.创意设计能力 3.沟通表达能力 4.市场洞察能力

1.开放课堂 2.自助式课堂 3.模拟式课堂

图2 课程特点

(三)评价方式

1.方式一:方案制作

表1　方案制作标准

序号	考核内容	考核要点	分值	得分
1	设计与构思	立意新颖,选题独特,主题明确	10	
		设计风格独特,感染力强	10	
2	方案效果	表现手法统一	10	
		整体视觉效果美观,画面有节奏、韵律感	10	
3	整体设计造型及优化手法	有自我情感与意图的表达,有新元素、新符号的探索	20	
		关系明确,构图合理	20	
		基本元素的选择与运用合理,组合形式具有美感	20	
	合计		100	

2.方式二:项目会演

项目会演从以下4个方面对学生进行评价。

(1)汇报人的着装与妆容;

(2)语言表达能力和思维逻辑能力;

(3)现场的问题沟通能力及应变能力;

(4)团队合作能力。

(四)教学手段

结合线上技能软件的要求,与现场实操相结合,制作实景教学视频。借助校企合作的优势,密切联系社会实践,开展线上线下混合模式的学习。将体验式、沉浸式、互动式等教学方法有效融合,构建时段性质的项目案例,为课程后续的社会实践内容铺垫基础。同时,整合线下资源,不断与企业沟通合作项目,加强与后续课程的关联性,为学生系统性、整体性地掌握专业知识技能提供依据。

课程组员联系相关设计项目,确保甲方的市场需求;维护良好的设计合作资源,搭建稳定长效的社会实践合作平台,为课程社会实践教学提供保障。通过课程作业的展演活动以及相关的赛事活动,激发学生学习的动力,通过实体企业的接触,拓宽就业的渠道,解决部分学生的就业问题。

插花艺术

课程负责人 | 寇文华

一、课程总体教学目标

通过本虚拟仿真课程实验,学生能巩固插花艺术创作的基本知识,具备花艺作品创作的美学知识,掌握花艺创作花材、器具选择的标准,领悟插花造型与鉴赏的基本原理;从造型美、色彩美、花材美等方面创意具有艺术美的插花作品,从主题与意境等方面创意具有象征意义的插花作品,创意具有视觉美与内涵美的插花艺术作品。增强学生的艺术修养,培养学生的开拓创新能力和团队协作能力,培养学生对花卉艺术品的鉴赏能力,促进学生综合素质的提高。承袭东西方插花艺术经过岁月长河的洗礼流传下来的传统模式和技巧的同时,让学生感受插花艺术中的工匠精神、文化内涵。

二、课堂教学改革的主要内容

(一)实验原理

本实验通过对中西方传统插花艺术及现代插花艺术的研究,完成对插花艺术设计的理论总结和插花技巧的梳理,从而开发此虚拟仿真实验,利用虚拟仿真的仿真性和交互性,突破传统实践教学的难点、痛点,进行"智能+美育"的虚拟认知与仿真训练相结合的互动式学习。插花艺术设计的基本原理包括技能、艺术、课程思政3个方面。

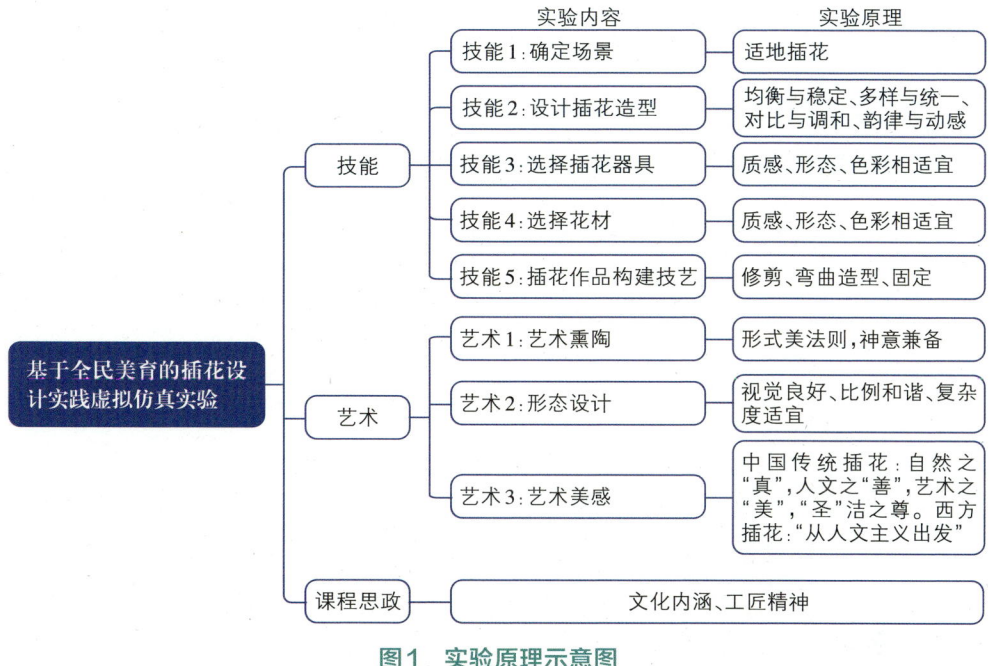

图1 实验原理示意图

基于全民美育的插花设计实践虚拟仿真实验

- 技能
  - 技能1：确定场景 —— 适地插花
  - 技能2：设计插花造型 —— 均衡与稳定、多样与统一、对比与调和、韵律与动感
  - 技能3：选择插花器具 —— 质感、形态、色彩相适宜
  - 技能4：选择花材 —— 质感、形态、色彩相适宜
  - 技能5：插花作品构建技艺 —— 修剪、弯曲造型、固定
- 艺术
  - 艺术1：艺术熏陶 —— 形式美法则，神意兼备
  - 艺术2：形态设计 —— 视觉良好、比例和谐、复杂度适宜
  - 艺术3：艺术美感 —— 中国传统插花：自然之"真"，人文之"善"，艺术之"美"，"圣"洁之尊。西方插花："从人文主义出发"
- 课程思政 —— 文化内涵、工匠精神

图1 实验原理示意图

1. 技能原理

技能指具有结合场景，选择适宜的花器、花材，从色彩、材质、形态出发，搭配花材与器皿，插花作品与环境呼应，适地适花。

（1）确定场景

以"适地适花"为实验原理，针对不同类型的空间环境和形态，进行场地确认，熟悉插花作品呈现的空间环境。

（2）选择花器、花材

以质感、形态、色彩相适宜为基础，选择合适的插花器具和花材。

（3）设计插花造型、构建插花作品

综合插花设计中均衡与稳定、多样与统一、对比与调和、韵律与动感的造型设计基本原理，完成插花艺术作品设计并通过虚拟仿真技术在虚拟场景中展示。

2. 艺术原理

（1）"艺术熏陶"基本原理

学生通过碎片化的知识点的学习和积累，从形、神、意等3个方面对中西方

传统插花及现代插花艺术设计进行全面掌握,既满足形式美法则,又神意兼具。

(2)"形态设计"基本原理

学生通过插花作品形态设计时的反复调整,从视觉良好、比例和谐、复杂度适宜3个层面达到实验形态艺术的基本要求。

(3)"艺术美感"基本原理

学生在插花实践过程中反复尝试,从中国传统插花的自然之"真",人文之"善",艺术之"美","圣"洁之尊,或西方插花中的"从人文主义出发",做到情景融合、师法自然,将插花艺术植根于文学、艺术中,达到艺术美感度的提升。

3.课程思政原理

将主观审美和抽象概念结合应用于插花艺术设计,学生结合"技能+艺术",有足够的想象力去构造花艺世界,在花艺实践中感受花艺文化内涵,传承花艺文化、工匠精神。

(二)实验设计

1.虚实结合,攻克实践"高""难"问题,构建"智能+教育"实践模式

本实验紧密结合学科和专业的发展、人才培养目标,通过虚拟仿真技术,构建花材、花器、垫座、几架等数据库,再现不同场景下插花设计的实践过程,解决插花实践中场地受限,鲜切花材成本高、消耗大,一旦修剪不可逆,地域性、不同季节等导致插花材料选择受限等"高""难"问题,让学生的插花设计不再受时间、空间的限制,构建"智能+教育"实践模式。

2.以虚促实,虚实互补,助推乡村振兴

构建虚拟仿真场景,"适地适花",与行业公司合作,将虚拟场景插花设计作品带进现实,让虚拟项目落地开花。打造适宜乡村特色的乡村庭院插花艺术,构建山清水秀、天蓝地绿、干净整洁、村美人和的农村庭院环境,改善农村人居环境,使乡村庭院展新颜,助推乡村振兴。

3.共建共享,使教育资源效益最大化

师生持续建设扩展资源数据库,争取花材种类全覆盖,花器器型、垫座形式与场景多样化。全面开放学习空间和资源,建立共享平台,致力于课程的逐级

推广,校内实现专业课到校级特色美育课,校外实现多校联合,最终形成老年大学、社区等社会机构培育平台,使有效的资源实现效益的最大化。

4.构建"创新性、高阶性、有挑战度"的实验项目

结合学科发展、学生未来可能从事行业需求,集合碎片化知识点,将理论讲解、技能演示与实操、审美与鉴赏有机融合,学生形成解决复杂问题的能力和高级思维,实验具备高阶性;"技能+艺术+课程思政"的教学内容框架,通过"智能+教育"交互体验实验模式,提升教学效率、教学质量,促进教学模式创新。学生持续开发各种实验模型,实验内容持续扩展,后续构建花艺作品数据库,并对接花材市场花农销售平台,通过一键查询功能,查询完成作品需要的花材名称、数量、价格,可即时下单购买花材。打造智能花店,可定制或根据关键词推荐花束,助推产业发展。实验项目与产业技术结合,提升学习难度。

(三)教学方法:以学生为中心,以产出为目标

1.满足不同阶层学生的需求

充分考虑不同年龄、不同专业、不同基础水平学生接入实验教学项目的运行需求,以学生为中心,探索具有开放性、兼容性、个性化、智能化、泛在化的教学方法。

2.注重实验内容的持续扩展性

结合行业需求和产业发展,激励学生实现实验板块、实验场景、实验模型的构建,做到实验内容持续扩展。

3.培养学生综合实践,"思、做、钻"的能力

本项目作为传统实践教学的深入和拓展,打破时间、空间、学科界限的限制,实现"美育+造型艺术+形式美+色彩+植物知识"的综合应用,提升了学生"思、做、钻"的能力。

(四)实验方法

1.三维虚拟实验教学法

通过认识插花器具、花材,插花作品设计实验,实现在三维空间中进行花器、花材的认识,插花作品设计与分析的操作,过程形象、直观,效果逼真。该教学法对硬件环境要求低,即使没有VR设备的单位也能进行逼真化的实验操作。

2.VR 端沉浸式教学法

从认识插花器具、花材到进行插花作品的设计,从设计、分析到评价环节,皆可实现沉浸式设计体验,让学生身临其境,实现交互设计,体验插花作品赏析,对设计方案做出评价。

3.自主式教学法

自主学习主要通过网络平台实现,网络阅读实验信息,学习应用程序,让学生实现预习、自习、演练不受时空限制,想学就学。

4.探究式教学法

实验设置作品点评、反馈,学生可以根据大家对设计作品的反馈,对作品进行聚类分析,从中获得设计启发,从而调动探究学习的主动性,提高科研能力。

5.交互式教学法

设置线上互动与交流的功能模块,可实现师生在线答疑解惑;创建技术交流群,可实现师生在各个技术环节的交流与互动。

6.开放式教学法

让学生将作业上传至网络端,接受大众对设计方案的评价,将评价结果作为学生成绩考核的依据之一。

7.虚实结合教学法

虚拟仿真实验结合线上教学、线下教学,虚实结合,以虚促实。通过任务导向,开展连贯式教学,将现实中的花器、花材搬进虚拟世界,在虚拟场景中完成插花作品设计;虚拟环节设计完成后可将方案带进现实设计,服务社会的同时实现以虚促实。

8.共享联合教学法

持续建设并扩展实验内容,开放学习空间,将大众眼中的高雅艺术生活化,构建校级特色美育通识选修课程,进行"智能+美育"教育模式新探索。联合其他高校、老年大学、社区等开展协同教学,加强社会推广,实现教学资源共享,使教育效益最大化,落实新时代教育理念提出的教育现代化要注重以德为先、注重终身学习、注重面向人人、注重共建共享。

(五)实验过程

本实验包括4个阶段、3个中心、4个模块,共计22个交互步骤。同时,实验设置了不同的教学方法,通过对相应的知识点进行虚拟仿真实验操作,学生能掌握相应的知识点,并达到相应的实验操作能力要求(图2)。

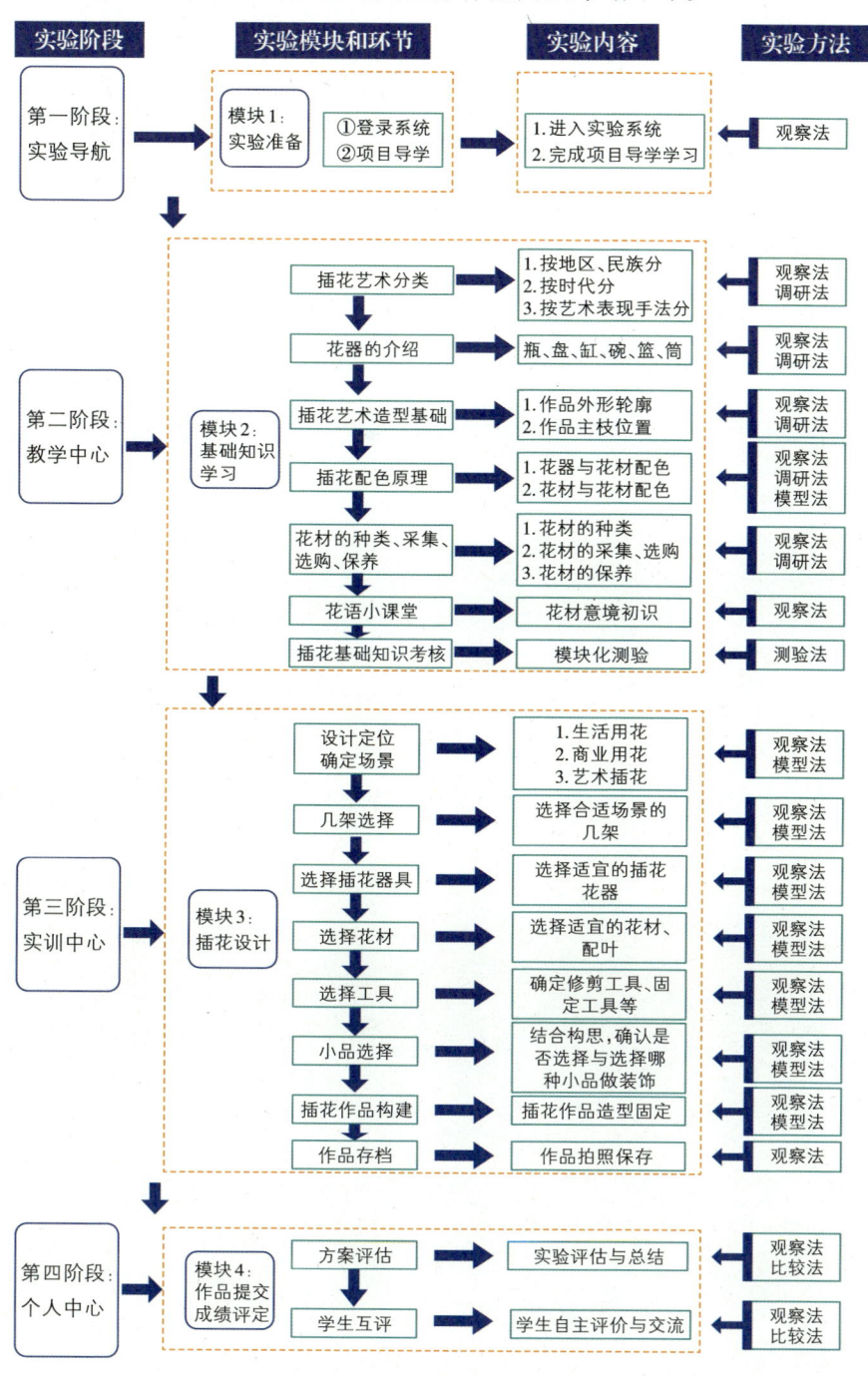

实验阶段	实验模块和环节	实验内容	实验方法
第一阶段:实验导航	模块1:实验准备 — ①登录系统 ②项目导学	1.进入实验系统 2.完成项目导学学习	观察法
第二阶段:教学中心	模块2:基础知识学习 — 插花艺术分类	1.按地区、民族分 2.按时代分 3.按艺术表现手法分	观察法 调研法
	花器的介绍	瓶、盘、缸、碗、篮、筒	观察法 调研法
	插花艺术造型基础	1.作品外形轮廓 2.作品主枝位置	观察法 调研法
	插花配色原理	1.花器与花材配色 2.花材与花材配色	观察法 调研法 模型法
	花材的种类、采集、选购、保养	1.花材的种类 2.花材的采集、选购 3.花材的保养	观察法 调研法
	花语小课堂	花材意境初识	观察法
	插花基础知识考核	模块化测验	测验法
第三阶段:实训中心	模块3:插花设计 — 设计定位确定场景	1.生活用花 2.商业用花 3.艺术插花	观察法 模型法
	几架选择	选择合适场景的几架	观察法 模型法
	选择插花器具	选择适宜的插花花器	观察法 模型法
	选择花材	选择适宜的花材、配叶	观察法 模型法
	选择工具	确定修剪工具、固定工具等	观察法 模型法
	小品选择	结合构思,确认是否选择与选择哪种小品做装饰	观察法 模型法
	插花作品构建	插花作品造型固定	观察法 模型法
	作品存档	作品拍照保存	观察法
第四阶段:个人中心	模块4:作品提交成绩评定 — 方案评估	实验评估与总结	观察法 比较法
	学生互评	学生自主评价与交流	观察法 比较法

图2 实验教学过程示意图

(六)评价体系多元化、高效化

1.多元化

除实验报告、小测验、展示操作过程外,结合教师点评,学生自评、互评,大众网络点评,行业评价等环节,对作品进行聚类分析,较客观地评价学生的学习效果和学习能力。

2.高效化

该实验系统全程自动记录实验过程、操作步骤,作品完成后可系统拍照存档。教师可高效评价学生的实验步骤、设计作品等,通过系统统计分析学生自评、互评等评分成绩,了解学生的学习情况,及时改进和完善实验设计。

公共空间设计

课程负责人 | 刘露

一、课程总体教学目标

公共空间设计是进入三年级分专业方向后,外空间方向学生重要的设计课程,在课程体系中起到承前启后的作用,主要内容落实到广场景观设计板块。本课程通过对广场设计的系统学习,采用理论结合实践的综合教学,结合案例和项目学习,让学生能够在景观设计理论知识结构上掌握更全面。本课程以广场设计为教学主线,通过项目设计实训,学生能够掌握广场设计的方法和流程,对广场设计有全面深入的认识与理解。希望通过广场课程学习,为学生的后续专业学习和工作打下坚实的基础,培养符合环境设计专业要求的应用技术型人才。

(一)知识目标

知识方面,通过课程学习,学生能了解景观设计的基本公共空间类型,掌握广场设计的相关基础理论,对广场设计的概念、发展,广场的类型及特点、设计原则、设计要素、功能空间组织等内容进行系统的学习,完善景观设计的专业知识结构。

(二)能力目标

能力方面,学生能掌握广场设计的设计程序与设计方法;通过广场设计方案实践练习,意图让学生在设计能力上有综合性的提高,同时,培养学生自主学习的能力。在设计过程中,训练学生的设计思维和创新能力;在广场设计表现上,通过Photo-Shop、CAD、Sketch-Up、Lumion等软件完成广场设计平面图、分析图、效果图,增强学生对设计软件的相关应用,提高技术应用能力;学生在综合设计能力上有一定的提高,为后续课程的学习和设计工作打下基础。

(三)素质目标

具有从事环境设计所必需的基本职业素养。学生具有正确的情感态度与价值观,树立诚实守信、求真务实的职业道德观念,养成严谨、踏实、认真负责的工作作风,并进一步培养团队合作和不断进取的职业精神;能够利用自己的专业素养,组织与协调好设计项目,具有良好的表达能力与人际沟通能力。

二、课堂教学改革的主要内容

(一)教学改革目标

环境设计专业本身是一门实践性要求较强的专业,需要学生有较强的设计思维和动手能力。公共空间设计课程,是环境设计室外方向的专业核心课程,要求梳理公共空间基础理论,同时进行设计项目实践。课程教学意图以实践项目为依托,串联整体课程,培养学生研究社会、服务社会的意识和能力。最终以毕业设计为导向,为企业、社会输出专业设计人才。

1.从课程建设上,强大教学团队,提高教学水平,建立一支稳定的、负责的、教学能力一流的公共空间教学团队;优化公共空间课程体系、制订教学策略、提高社会实践类课程教学水平,改进教学方法和教学手段,促进学科发展。

2.通过公共空间课程社会实践教学,提高学生的专业热情,增强其设计技能及设计美学素养,培养德、智、体、美、劳全面发展的环境设计人才。结合实践,训练学生掌握公共空间设计方法、设计流程,以及设计中植物、照明、材料和施工工艺上的技术要点,形成融理论认知、方案设计、技术引导、工程实践于一体的公共空间设计教学内容。

3.推进公共空间课程思政建设,结合公共空间课程特色,将生态文明建设、规范设计、工匠精神、传统文化、可持续发展观等思政元素融入课程教学中;同时结合设计美学内容,重视课程美育内容的结合,以培养德才兼备、全面发展的人才为目标,突出专业"三全育人"理念。

(二)课程的建设类型及内容

1.课程类型

社会实践一流课程。

2.课程建设内容

(1)建设以一流专业为平台的一流专业课程;利用一流专业优势,打造一流专业课程。运用OBE教学理念进行课程教学团队的建设、教学大纲及教材的编写、教学内容的提升设计,以及教学评价机制的调整。

(2)建设"以学生为中心"的公共空间课程教学,结合专业前期公共空间类型课程的教学,将进一步强化"以学生为中心"的教学,进行反客为主的教学模式。教师注重引导性,调动学生学习的主动性,教师"授之以鱼,不如授之以渔",学生"临渊羡鱼,不如退而结网"。

(3)建设以社会实践项目或设计比赛为依托的公共空间课程教学,将设计实践落实到社会实践项目,结合真实的设计条件、设计场地、设计限制,进行公共空间设计教学,利用实践项目中遇到的实际问题,训练学生解决设计问题的能力。

(4)建设思政与美育高度融合的公共空间设计课程,贯彻落实"高校思政课建设"以及"全面加强和改进新时代学校美育工作"的意见,在课程中融入景观设计思政相关内容,如生态文明建设、规范设计、工匠精神、传统文化、可持续发展观等。

(三)教学内容改革

1.教学内容:理论及实践环节内容

表1 教学章节及学时

序号	章节	建议学时
1	第一章 城市公共空间概述	5
2	第二章 现代城市广场设计类型及特点	3
3	第三章 城市广场设计的基本原则	2
4	第四章 城市广场设计的客体要素	6
	合计	16

表2 实践教学项目及学时

序号	实践教学项目名称	建议学时
1	古典广场平面布局临摹及现代广场景观平面抄绘	3
2	广场设计前期分析及初步方案	5
3	广场设计平面方案	8
4	广场景观模型及效果图设计	16
5	广场设计整体方案	16
	合计	48

2.课程设计策略

在原课程基础上,我们制订了全方位的教学策略:注重"课前—课中—课后""教师+学生+企业"一体的课程教学模式(图1)。

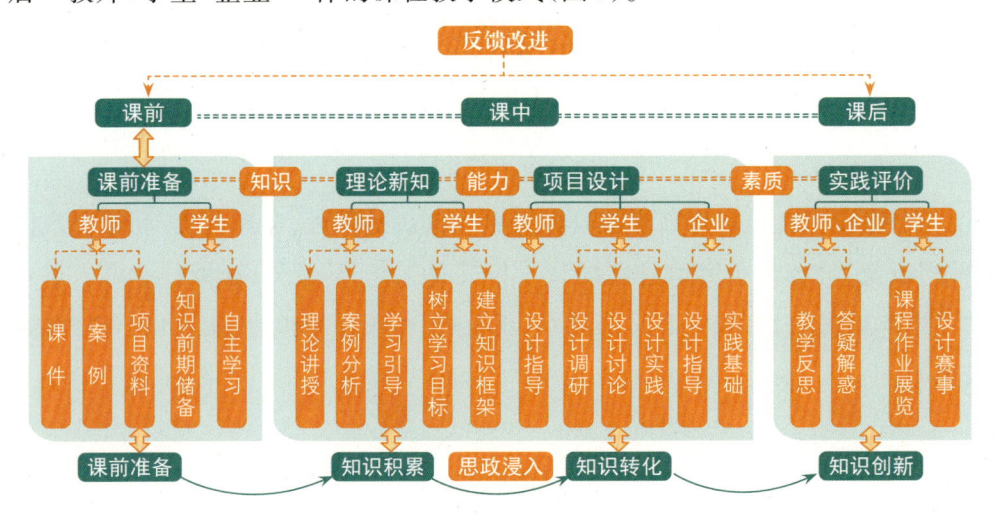

图1 课程教学模式

课前,注重课程资源的建设,教师准备基础的课件资料、典型教学案例、确定好实践项目,发挥教师的引导性作用;学生在课前应进行基础的专业知识储备,养成自主学习的习惯。

课中,教师进行公共空间理论讲解与案例分享,落实知识目标,梳理公共空间核心的理论知识点,分享典型案例;学生设定学习目标,建立课程知识框架。实践项目教学内容做出突破,进行反客为主的模式教学,全程注重思政浸入,学生参与项目设计、教师进行设计指导、企业提供实践基地并引进企业人员参与项目指导。

课后,学生完成课程作业展览,参加设计赛事,优化设计成果;教师注重成果转换,将学生的设计成果转换为教学成果。

3.课程内容注重学生能力的培养

在课程理论教学和实践过程中,注重学生设计思维、设计表现、设计工作机制、设计交流等4个方面的能力培养,对应落实到以下4个能力的具体内容中。

(1)创新思维能力

关注学生的专业知识架构,引导学生搭建自主学习平台、养成自主学习习惯,并且有追求新知、不断探索的精神;利用现代发达的互联网技术及项目资源,拓宽眼界,提高综合素养,理解景观设计内涵,完成设计创新。

(2)技术能力

数字化设计已经是环境设计专业的特色,掌握基本的数字化景观技能,也是环境设计专业人才毕业要求的技能。结合我校应用技术型人才培养方向,课程内容中,注重传统的手绘、CAD、PS、草图大师等基本数字景观表现方式,同时也探索Lumion、GIS、BIM、参数化设计、虚拟现实等新的技术方法与手段,了解设计前沿、强化设计表现,提高软件使用的技术水平。

(3)团队协作能力

通过设计调研环节与分组实践环节,注重对学生团队协作能力的培养,为学校和企业的工作衔接打下良好的基础。

(4)表达能力

通过设计讨论、设计交流、方案汇报等方式,训练学生的表达能力,落实专业人才需求,为学生进入工作岗位打下良好的基础。

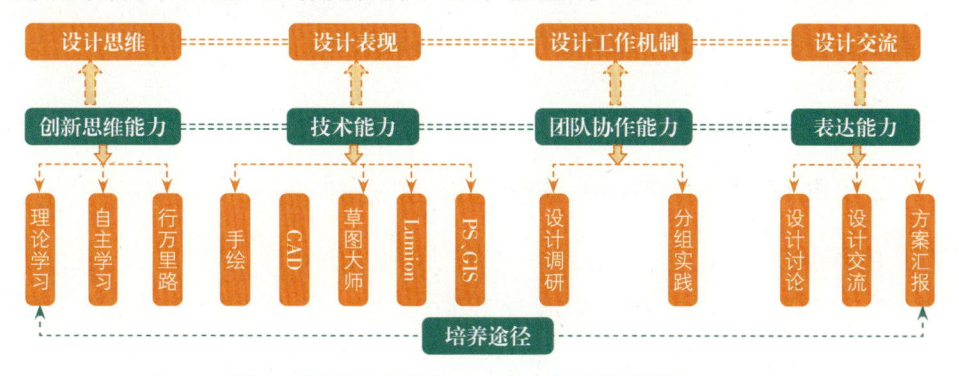

图2 课程内容改革——能力培养途径图

4. 思政课程内容建设

(1)宏观建设要求

融入景观设计相关思政内容与美育教学。响应国家思政课程建设号召，补齐公共空间教学中思政内容的短板，通过梳理公共空间溯源以及发展的历程，让学生体验我国景观设计建设成就，培养爱国精神，传承与感受中国传统文化，加深爱国情愫，建立文化自信。在美育方面，结合环境设计美学知识和实践项目考察，提高设计审美。

(2)思政元素挖掘

结合专业特色及课程内容，课程中主要挖掘生态文明建设、规范设计、工匠精神、传统文化、可持续发展观等思政主线。让学生了解到，环境设计专业与生态文明建设的关系，以及作为未来的设计师，肩负的责任与使命。通过实习项目考察，树立"规范设计"意识，让学生了解到，环境设计专业的技术与艺术的统一性。同时，通过对精品项目的考察，让学生感受中国传统文化与工匠精神。

(3)思政授课方式

通过教师及企业课堂教学，融入思政内容，课程组也意图在未来结合线上课程及线上思政课程建设，融入思政内容；通过课程中的案例分析，让学生感受思政要素；通过设计实践，让学生树立正确的情感态度与价值观，树立诚实守信、求真务实的职业道德观念，养成严谨、踏实、认真负责的工作作风，并进一步培养团队合作和不断进取的职业精神。

(四)教学方法改革

在教学方法上，以"讲+学+做+评+展"的方式，结合以案例分析法、参与式实操教学、讨论与成果点评为主的方法进行实践教学。

1."讲+学+做+评+展"

(1)讲：教师讲、学生讲、设计师讲、企业讲

教师作为课程的引导者，要讲理论、讲案例、讲设计、讲"意见"；学生在教学中，要讲"问题"、讲"技术"、讲"设计"、讲"成果"、讲"收获"；课程中请一线设计人员进入课堂，讲"工作机制"、讲"案例"、讲"经验"；企业在教学中，讲"需求"、讲"要求"。

(2)学:学道理、学理论、学思维、学协作

通过理论及实践全过程,学生在过程中学习思政内容、学习职业道德、学习公共空间专业知识、学习如何做项目、学习环境设计专业机制,懂得团队协作。

(3)做:做调研、做设计、做模型、做文本、做展板

学生分阶段参与到项目的每一个阶段,只有通过亲自动手,才能得到真实的"设计训练"。

(4)评:评案例、评方案

学生通过对典型案例的评价,能够学习案例项目设计思维、设计策略,从而指导设计实践;对完成的方案进行评价,可以促进学生互相学习,总结设计短板,完善设计。

(5)展:展成果

以社会实践项目进行的公共空间设计课程,教学完成后,对学生的作品进行评价,以作品展览、作品集等方式呈现设计成果。如是公共空间设计相关赛事,力求通过参赛获奖呈现教学成果。

2.实践教学方法

公共空间设计是一门实践性较强的课程,与市场的实际需求和发展密不可分,要求学生能够掌握广场景观方案设计。所以在教学过程中,教师要密切结合专业需求和人才培养需求,采用多样性的教学方法进行实践教学。比如,采用案例分析法、参与式实操教学、讨论与成果点评等多种方式进行实践教学。

(1)案例分析法

在课程的实践阶段,通过对国内外优秀广场案例的分析,学生能够掌握广场设计的主要景观元素构成,以及广场空间组织特色。对广场设计项目方案进行分析,能够让学生掌握广场设计的具体工作内容和相应图纸表现的规范,以及空间设计表现。案例分析是作为教学范例的呈现,能够明确设计内容与设计要求,是学生掌握广场设计核心内容的重要教学方式。

(2)参与式实操教学

在实践过程中,广场方案设计需要完成PPT文本,包括广场平面图、分析图、

效果图、专项设计图纸在内的一系列广场设计内容,通过实训,能够锻炼学生的设计思维、软件技术应用能力以及综合设计能力。实践过程中,教师全程辅导,把控设计进度和设计效果,也能实时解决学生在实践过程中遇到的问题。

(3)讨论与成果点评

在实践中,教师会阶段性地对实践成果进行点评,对学生的景观设计方案平面图、方案文本逻辑、广场设计效果表现等成果内容进行点评。通过成果点评,学生能够相互学习,总结自己在设计中存在的问题,也能学习其他同学在方案设计中的优点,总结经验,提升设计水平。

(五)评价方式改革

在课程评价改革上,采用多维度评价模式,集"课程评价+学生评价+企业评价+社会评价"于一体。

1.课程评价

贯彻重庆人文科技学院课程评价整体方案,完成基础的公共空间课程过程性记录评价及期末评价。

2.学生评价

建立以学生为主导的课程教学,需要及时了解学生的评价。以往的学生课程评价以系统评价为主,教师不能及时了解学生的真实想法。针对课程教学过程,采用"阶段性"评价模式。一方面,针对学生的实践成果进行过程性评价,对阶段性设计成果进行总结,能够及时反馈给学生,让其对设计做出调整;另一方面,教师通过交流访谈的方式,收集学生在学习中的意见与建议,随时调整授课节奏,进行反馈式教学。

3.企业评价

主要方式是以企业提供的实践项目为依托,将设计成果呈现给企业,企业给出点评意见,包括项目设计的落地性、设计的可行性论证等内容,企业能更有针对性地掌握设计短板,进行设计调整,同时收集企业所需的人才信息,进行以企业为导向的专业人才培养。

4.社会评价

发挥"互联网+"教学优势,进行课程作业展,或者让学生用课程作业成果参加设计赛事,通过网络的开放性,将话语权交给"社会",得到最真实的反馈,为课程后期建设提供意见和建议。

通过以上教学评价方式的改革,课程组成员能有效收集反馈信息,总结课程教学问题,制订后期教学改革策略,优化课程设计。

(六)教学手段改革

1.发挥"互联网+"教学手段

具体包括通过微信公众号、网页等方式,分享案例、文章、设计资源,掌握设计前沿资讯;可以改进线上线下教学模式,利用中国大学MOOC、超星学习通平台,完善线上教学资源搭建,在平台上分享相关课程的理论学习、分享文章、上传资料等;通过学院微信公众号,进行公共空间课程作业展,展示学生的设计成果;通过互联网交互方式,进行学生与教师、学生与企业、学生与专业等各种类型的交流与学习;通过互联网平台,进行"第二课堂"学习,获得比赛信息、聆听线上讲座等。"互联网+"为课程的学习带来了丰富多元的形式,是主要的教学手段之一。

2."以学生为中心"的情景式课程教学

强化"以学生为中心"的教学,进行反客为主的模式教学。课程中,重在对学生学习的引导,通过课程设计,提高课程的趣味性,调动学生学习的主动性。课程依托校内校外结合教学的形式,增加学生与场地的接触,以情景式教学手段,配合可触、可听、可闻、可视的现场教学方式,增加趣味性,激发学生自主学习的动力。

3."走出去、引进来","高校+企业"共同展开以社会实践项目串联的公共空间课教学

"走出去、引进来"计划利用校企合作单位、实践基地、专业建立的横向课题,提供开展公共空间课程的社会实践项目;课程建设中,设置部分学时,带领学生参与到实践项目中去,以社会实践项目展开课程教学,同时在开展社会实践项目的前期、中期、后期,引入企业技能型人才或工程师,以及甲方人员,进行实践项目指导,保证课程建设期间、课程教学期间校内与校外的密切联系。

4.设计赛事串联的实践课程教学(具有时效性)

综合往届培养方案中关于广场设计、公共空间的教学,大多以模拟方案设计的方式进行课程设计实践,在设计条件、设计勘察上有一定的局限性。结合当下社会关于公共空间设计的相关赛事,进行命题式课程实践,能提高学生的实践兴趣,如设计成果获奖能够提高学生的荣誉感,同时丰富教师的教学成果。

生物化学

课程负责人 | 何丹

一、课程总体教学目标

通过本课程的学习,学生能掌握生物大分子的结构与功能、生物体重要物质代谢的基本途径、主要生理意义、调节以及代谢异常与疾病的关系、各组织器官的代谢特点及它们在生命活动中的意义等知识;能解释物质代谢规律与生命活动的关系以及物质代谢与疾病的关系,为学习医学基础知识奠定基础,为今后在工作实践中拟定科学的护理方案提供有关依据;养成尊重伦理道德规范,崇尚科学,勇于探索生命现象的职业道德和职业素质。

二、课堂教学改革的主要内容

(一)基础教学与分层教学方法相结合

生物化学学科知识体量大,涉及内容广,知识结构复杂,难度较高,在学习之前应该要有一定的有机化学、生物学的基础知识作为铺垫。因高考内容改革,护理学专业学生的生物学、有机化学基础知识储备情况不一,有的学生因高中选修了生物或者化学学科,有较高的相关基础知识储备,但有的学生由于高中没有选修生物或化学学科,所以相关背景知识储备薄弱。所以就需要差异化的教学方法改革,具体方法如下。

在了解基本情况的基础上,教师需要将班级分为不同层次的教学对象,甚至在一个班级之中还要再次进行教学分层。根据不同的情况,调整知识难度,完成不同的教学目标。

在对不同的班级进行教学之前,任课教师应先调研班级学生的基本情况,了解学生是否具有相应的化学或生物学基础知识,然后再根据学生的具体情况制订相应的教学目标。例如,班级中学生已具有一定的学习基础,那么在掌握概念和实验技能的基础上则需完成更高一级的对知识迁移和应用的教学目标;如班级中学生的基础参差不齐,那么着重强调掌握基础概念和实验技能,树立学生的信心,后续可以尝试提高教学难度,激发学生挑战困难的欲望和进一步探索学习的激情;如班级学生整体知识水平较差,那只需要求学生掌握基础概念和实验操作即可。拟通过完成不同的教学目标达到较好的教学效果,同时还能减轻基础较差学生的学习负担。

(二)"以学生为中心"整合课程内容

根据学生的实际情况调整知识难度,使其更加适合护理学专业学生,并将教学内容重新进行整合,让教学内容的逻辑更加清晰。

由于本课程的知识点涵盖从静态生化(氨基酸、蛋白质结构与功能、蛋白质的分离与鉴定、酶、维生素与辅酶、糖类、核酸化学、脂类和生物膜)到动态生化(生物能学与生物氧化、糖代谢、脂质代谢、氨基酸代谢、核苷酸代谢、DNA合成、RNA转录、蛋白质生物合成、代谢调节),从简单的结构到机体内各类物质的代谢平衡,相对繁多且复杂。如何针对学生的特点对复杂的知识点进行分类及简化是十分必要的,简化次要内容,突出重点。同时,随着近几十年生命科学的飞速发展,生物化学也出现很多颠覆教科书的新理论、新发现,因此,我们应该结合生命科学的前沿知识,对课程的内容进行扩展丰富。如在讲到"蛋白质结构与功能"这一章节时,可简化"蛋白质结构"的内容,增加与其相关的诊疗技术和前沿动态的内容;简化与细胞生物学交叉重叠的"生物氧化和细胞通讯与信号转导"章节内容,根据与下游专业课程的关联度,增强糖、脂和氨基酸等章节的疾病拓展和联系。同时对于一些比较复杂的分子结构或者生化反应,可以借用或者制作相应的教学模具帮助学生理解。另外,可以适当增加实验学时,通过理论和实践相结合让学生更好地理解生化知识。

(三)"授之以渔"改进教学手段

教与学是天然不可分割的矛盾统一体,在教的同时也要注重学生的自主学习能力的养成。首先,针对学生基础知识储备不同的情况,对学生进行分组,基本达成每组里面都有中学生物学、化学基础较好的同学,确保各小组有自主完成学习任务的知识背景,同时也可以让基础较好的同学帮助和指导基础较薄弱的同学。

然后依托超星学习通平台,实施线上线下混合式教学,将教学过程分为课前、课中和课后3个部分。课前,教师根据本章的教学目标、重难点以及学情分析发布学习任务,学生利用超星学习通平台根据任务单自主完成预习并填写预习调查问卷,观看视频并分小组探究讨论,最后教师根据收集的任务完成情况及学生的特点准备教学资源;课中,教师回顾并点评线上学习情况,之后以知识框架的形式介绍本章内容,对于共性问题进行统一答疑并详细讲解本章内容的重难点、疑问点及易混点,然后让学生分组展示学习成果并互相点评,最后教师进行总结串讲和思政教育;课后,学生利用超星学习通平台复习巩固、练习测试、查漏补缺及扩展提升,将未解决的问题发布在讨论区,教师则在线指导并分析学习效果,最后进行反思总结。这样还可以将理论课、实验课有机结合,可以做到学以致用,拓展学生的思维,培养其自主学习能力和合作探究精神。

(四)建立多元化课程评价体系

实行过程性评价与终结性评价相结合的多元化生物化学课程评价体系。改革后拟将过程性评价占比提高到50%,建立多元化课程评价体系。主要体现在2个方面。其一,评价内容多元化,评价内容包括:课前资源查看情况,课中的互动、活跃度,以及小组成果展示、课后的作业及章节测试、实验完成情况、小组合作情况等。其二,评价形式多元化,评价形式包括:自我评价(学生对自己的表现情况打分)、学生互评(组内学生互相评价,引导学生客观公正打分,特别是在组内积极帮助同学学习和主动承担学习任务的同学应给以加分)、教师评价(教师对学生的学习和表现情况打分)、学生对教师的评价(学生对教师的授课情况进行评价)。

总结性评价占总成绩的50%,主要形式为期末考试。

(五)强化思政元素

在生物化学的课堂上强化爱国主义、民族自豪感、法律意识和职业道德等思政元素的教学。其一,分享一些生物化学重要的、成功的研究过程和研究者的生平事迹,强化学生的民族自豪感以及爱国主义、无私奉献等精神,如在讲到"蛋白质结构"这一章节时,引入了我国人工合成结晶牛胰岛素的案例。其二,针对一些案例,设置人文考查情景,激发学生的学习兴趣,增强学生的人文素养。其三,生物化学内容抽象,可通过拟人手法帮助学生理解,同时引入思政元素,如酮体生成是"肝内生成肝外利用",就可强调肝脏为整体默默付出的奉献精神。

钢琴

课程负责人 | 张艾

一、课程总体教学目标

本课程的总体目标主要是针对基层中学音乐师资能力的培养，学生通过本课程的学习能掌握钢琴演奏的基本知识、基本技能和钢琴基础理论知识，并能将该技能运用于中学音乐教育的教学过程中，以及其他社会教学单位从事学校音乐教学或社会音乐教学的工作中。同时在教学中融入中国优秀钢琴作品、中国民族民间音乐改编的钢琴曲，让学生能更直接地感悟本民族音乐的美，使学生能认同且有意愿传承中华优秀传统文化，弘扬爱国主义精神，能对其中的思想精髓进行更好的传承。

二、课堂教学改革的主要内容

（一）改革思路

坚持OBE教学理念，结合课程目标拟建立更贴合艺术学院实际情况的、更符合中小学音乐课程教学需求的、有效的钢琴实践实训课程教学体系。根据新课标并结合多次调研结果，团队发现目前中小学校对音乐教师的需要并不在于拥有高超的演奏技术，而是要求音乐教师能将音乐的美感演奏出来并传递给学生，对学生起到一定的"美育"教育作用。因此，该课程在教学内容方面拟由以往的"重技术"向"重情感"转变。

（二）实施步骤

1. 教学内容方面

（1）拟将原有的每学期以练习曲、乐曲讲解训练为主改革为每学期以一个钢琴发展阶段（流派）为主进行详细讲解学习。让学生对每个时期的钢琴音乐有正确的认识并能正确掌握该时期音乐演奏风格，将其运用到日后的音乐教学中。

（2）拟由单一课程内部循环改革为多课程融合。拟将钢琴课教学内容与钢琴伴奏与弹唱、中外钢琴艺术发展史等姊妹课程教学内容相融合，完成资源共享、学习互通，保证课程教学效率、教学质量的提升。

（3）调整演奏曲目的难度范围。拟将以前看重作品难度改革为看重作品风格演奏的准确性和音乐美感的表现性。在规定的教学内容范围中根据学生实际情况选择符合学生演奏水平的相关作品，教学内容强调作品风格、乐感的正确体现和传递。

（4）加强中国钢琴作品（独奏作品、器乐改编作品、声乐改编作品等）的教学。此举有利于加强课程思政的融入，培养学生的民族自豪感，坚定学生的教师职业信念。

2. 教学手段和教学方法方面

基于以上改革目标，在教学方法和手段方面将采用线上线下相结合的教学方式。

（1）首先，依托超星学习通、库客等多种线上教学网络平台，上传相应的教学资源特别是包含思政内容的资源，并建立线上曲目库，供学生期末考试备选。其次，加强线上教学手段，通过分组任务、随堂练习、主题讨论等活动整合优化线上线下教学资源，让学生能及时、便捷地巩固教学内容。

（2）拟定期（每学期第3、6、11、14、16周）在超星学习通平台根据教学大纲、教学内容投放相关作业。通过网络批改作业并反馈给学生，这样既提高了教学效率与质量，又可督促学生多练琴。

（3）在钢琴小组课方面，拟将现在每周2节的小组课，统一安排到第10周和第18周进行舞台实践实训教学。在舞台教学实践中采用师生互评、生生互评（重点手段）锻炼学生的说课、评课能力。这样既有利于学生考前熟悉舞台，又能使学生在舞台实践中查漏补缺，更好地进行自修自评。

3.教学评价方式方面

我们坚持"以产出为导向、以学生为中心、持续改进"的OBE教学理念。正如前面所述,现代中小学校音乐教育并不需要音乐教师有太高的演奏技巧,而是需要音乐教师有正确的音乐审美,并能将其传授给学生。因此我们不再单单将演奏技术是否达标、演奏难度是否达标作为考核的首要标准,而是将演奏风格是否正确,音乐演奏效果是否具有美感等偏"美育"类的内容作为考核评价的重要指标。期末考试评分标准由以前标准模糊细化为从弹奏方法、读谱、作品风格体现等3个方面入手,细化评分标准,真正做到考试成绩与学生实力相匹配。

同时,在总成绩方面更看重过程性成绩,即学生平时出勤、平时作业和期中测验的情况。将平时成绩的占比由原先的30%提升至40%,降低学生"临时抱佛脚"的心理,提高学生平时练琴的效率与质量,做到资源利用最大化。

(三)预期成效

本课程旨在完善艺术学院钢琴实践实训课程教学改革。本课程拟探索出多维综合的教学路径模式,不断摸索出有利于音乐学专业钢琴教学、实践和自评修正有机结合的新教学模式,从而促进对钢琴实践实训教学方法的研究,使音乐专业的钢琴教学理论更完善,对实际教学有更好的指导性。

音乐电视制作

课程负责人 | 刘好

一、课程总体教学目标

(一)定位目标

本课程是重庆人文科技学院艺术学院广播电视编导专业的主干课程。目前,该专业已发展成为重庆市高等学校"一流专业",其所属的戏剧与影视学科被评为重庆市重点培育项目。本课程自该专业成立以来,经历多次人才培养方案的调整,现执行2019年培养方案,定名为音乐电视制作。

音乐电视制作课程主要面向广播电视编导专业的所有三年级本科生开设,是面授为主的线下课程,共34个学时,2学分。本课程不断优化教学团队,积极组织实施教育教学、开展课程思政建设。现有相关课程任课教师3人,由教授、讲师搭配组成课程组,立志将本课程建设成为重庆市乃至国家级一流本科课程。

(二)教学目标

针对新文科建设背景和国家战略需求,坚持立德树人根本任务,结合学校办学定位,培养高素质应用型人才的目标,我们从知识、能力和素质3个维度重塑课程教学目标。

1.知识目标

学生能掌握音乐电视的基本概念、元素和拍摄的基本理论知识,以及实践操作时的基本技术,了解本课程的学科前沿知识,能将其应用到音乐电视的学习和拍摄中,并能够完成艺术质量较高的音乐电视作品。

2.能力目标

使学生具备鉴赏优秀的音乐电视作品的能力,掌握音乐电视拍摄制作过程的核心技能。教师在教学中实施研讨式课堂,在课堂中带领学生一起拍摄,通过对音乐电视基础知识的学习,为学生进一步建立批判性认知和审美意识,以及拍摄技术的逐步成熟奠定基础。

3.素质目标

坚定立德树人的教育理念,体现课程思政教学目标,培养品德高尚、有强烈的社会责任感的广编人才。在创作实践中培养学生的团结协作精神,提高他们的艺术创意能力,使其具有开阔的国际视野、良好的艺术审美素养和人文社会科学素养,以支撑国家文化艺术发展战略目标。

二、课堂教学改革的主要内容

重庆人文科技学院广播电视编导专业受地缘性历史文化的孕育和影响,依照学校应用技术型高等院校转型的指导思想,着眼时代和行业发展的前沿,探究专业建设的内涵式发展,勇于开拓,不断进取,立德树人,知行合一,以学生为中心,充分展现"应用型"特质,致力于培养德智体美劳全面发展、服务区域经济社会高质量发展、面向影视产业(传媒行业)的高素质应用型人才。

(一)暴露的问题

在传统的高校音乐电视制作(MV创作)课程教学中,一直存有三大主要问题:其一,理论与实践严重脱节,教学滞后于行业的发展;其二,学生的审美能力不足、拍摄技术不扎实,成片质量达不到文本的预期效果;其三,学生的作品"走不出去",缺乏展示和共享的平台。

进入新时代,科学技术的发展使影视制作的门槛降低,互联网成为强大的资源库,能够接收到太多有关"美"的影像资料。作为一门理论与实践相结合的课程,音乐电视制作给学生提供了一个展示的"舞台",将摄影、视听语言等课程的理论知识通过制作MV进行施展,将理论实践化,将实践再巩固。通过音乐电视制作,让学生拥有发现美、歌唱美的能力,在国家形象塑造和传播、文化软实力提升上举足轻重。高校作为音乐电视创作人才培养的重要园地,对音乐电视制作类课程的重视度必须加强。

为此,该课程基于OBE教学理念,实施以"实践产出"为导向的音乐电视制作课程改革方案,从教学内容、教学方法、评价方式、教学手段等方面进行综合性改革,积极探索,深化课程与教学改革的实效,促成教学特色的形成及教学成果的不断转化。

(二)改革教学内容体系

对教学内容进行了重构与创新,突出课程的知识性、思政性、前沿性与实践性,坚持知识传授与价值引领相结合,选取正能量、积极向上的音乐作品进行课程案例讲解,将知识点更多地融入话题式歌曲(如关爱女性、关注家暴等歌曲)、公益性MV(如新华社发布的《追梦赤子心》)、官方发布的MV(如毕业季MV《乘风》)、社会现象MV(如话题歌曲《小娟》《入海》)等优秀MV作品中去。

在实践产出过程中构建"课堂教学+实训教学+实践教学"相结合的教学发展体系,实现专业教育与"五育并举"相融合,不断优化整合课堂教学、实训教学与实践教学课程配置,积极促成师生教学成果的孵化。

(三)变革教学方式

1.理论内容方面

首先,主要通过讲授、翻转课堂的方式,深挖课程思政,强化师生互动、生生互动,打破课堂沉默,创新教学手法。

2.实训教学方面

我们优化了教师资源配置,全面实施小班化教学,采用研讨式、翻转式教学,结合影视行业特点,课程教学实施小班化、分组指导的方式。优化课堂沉浸式教学体验,根据目前专业课程组群的教学特色和学生的实际专业能力,在理论+实践的课程结构中增设"课堂实训教学",即跟踪学生小组歌曲选曲、分镜头脚本创作、演员选角、制片与拍摄、后期剪辑全过程,教师作为剧组一员及时解决学生在拍摄过程中产生的困惑。课程负责人及课程组教师的构成中涵盖了

"双师型人才",他们将业界最新的技术"带进来",在课堂上解决文本创新壁垒、拍摄盲区和制作难点,让学生在实训教学环节中找出问题、暴露弊端、现场解决,手把手带领学生实现理想创作,让学生沉浸于课堂,解决理论与实践严重脱节,教学滞后于行业发展的问题。

3.实践教学方面

在实践产出的过程中,让学生分组定期开展选题研讨会、中期汇报会、后期制作指导会,教师全程跟踪拍摄进度。在课程结束后开展作品展播活动,解决学生作品缺乏展示和共享平台的问题。

(四)融媒体式创新教学资源

1.衔接信息技术,建立更新资源库,在课件中嵌入了大量音频、视频和图片。课程组梳理了多届教学数字材料,积累了丰富的特色案例、学生作品和获奖作品。

2.建立课程微信群,用于教师发布相关课程准备工作,分享优秀音乐电视作品/短片,提出与课程相关的讨论话题,引导同学们在课后自由讨论,巩固教师所讲授的知识。

3.拓展线上教学的资源库,构建协同育人长效机制和开放式的教学模式。介绍相关的国家级精品课程及国内外专业的音乐视频网站;艺术学院与重庆电视台及重庆优秀的影视机构等签署实习基地以及建立校企合作、校地合作平台,为学生的作品创作及传播输出拓展空间。

4.艺术学院实训中心提供了先进的硬件教学资源支撑。

(五)改革课程考核体系

为达成教学目标,本课程建立全过程、多维度的成绩评定体系。课程考核评价分为平时成绩和期末考核。

1.加强过程性考核成绩,包括占比40%的考勤成绩、阶段性考核成绩,占比60%的期末作品成绩。

2.期末考核采取"无纸化"提交期末作品,并达到院级/校级公开展播水平,让学生在课程结课之时具备独立编导音乐电视的基本素养,鼓励学生将作品/片段/制作过程投放到新片场、B站、抖音等平台,增加传播力和影响力,强化实践育人素质培养。

3.选取优秀MV作品进行全校公开展播,并颁发最佳MV作品奖项和奖品,让学生的作品有展示的舞台,鼓励学生保持创作热情。

(六)改革特色艺术实践展播活动

经过课程发展历程及课程与教学改革的沉淀,音乐电视制作课程预期达成"学生中心、产出导向、创作反哺"的教学特色。以此,教学相长,促成教学成果的转化,教师可以成长为坚守"学生中心、产出导向、持续发展"理念的教师,学生可以成为高素质的应用型人才。

2021—2022学年度,音乐电视制作课程作品在艺术学院进行了展播,将当下流行的露营元素与MV影像进行结合,影像展取名为"露营影院",作品主创与观众进行零距离交流,得到众多同学的喜爱。

图1 露营影院1

图2 露营影院2

图3　露营影院3

图4　露营影院4

三、育人效果

2022—2023学年度，在艺术学院小音乐厅成功举办"草街子影像节"开幕暨毕业作品Ⅰ(MV创作)优秀作品展播"2023·向上生长"影像展。重庆人文科技学院校长张跃光，重庆市合川区电影电视艺术家协会主席王智，一级导演、艺术学院特聘教授鄢光宗，重庆对外经贸学院科研处处长彭成等领导和学生共计百余人参与了开幕式活动。本次MV影像展吸引了全校800余人参观，也将优秀作品推送至了微信公众号、B站等平台，让同学们的作品走得更远。

图5 "向上生长"影像展1

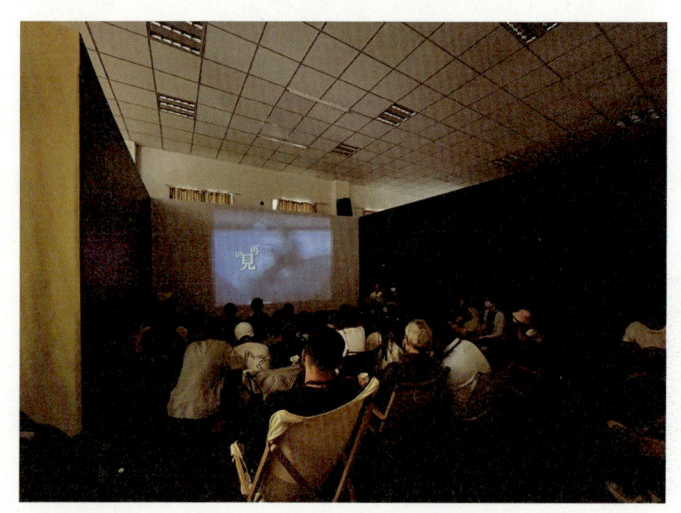

图6 "向上生长"影像展2

图7 "向上生长"影像展3

图8 "向上生长"影像展

通过教学改革,本课程的教学目标有了新的发展：

(1)培养品德高尚、爱岗敬业、视野开阔、善于学习、勇于创新、合作意识强烈、社会责任感浓厚的广编人才;(2)要求学生树立正确的音乐电视创作观念,提高对影像的审美力和影视艺术鉴赏力,熟练掌握音乐电视节目的制作方法、类型、风格化处理方式,具备音乐感、美感,了解前沿理论,进一步丰富和完善知识结构;(3)在"新文科"建设背景下,勉励学生积极投身"新媒体"创作与内容创作并重的广编领域,培养出让广播电视台、网络新媒体、影视文化传媒机构等满意的高素质应用型人才。

在教师团队不断成长壮大的过程中,立足课程教学,推进教师学习与科研,力图整合教学资源,拓展互联网学习模式,用院级/校级展播、融媒体等传播方式宣传学生作品,实现学生与社会效益的双向进步。

舞蹈作品欣赏与分析

课程负责人 | 张婷婷

一、课程总体教学目标

舞蹈作品欣赏与分析是典型要求身心统一的课程，其情感体验是思想政治素质导入舞蹈课程的最佳路径，能够间接减弱学生对思想政治教育的抵触情绪。将舞蹈艺术与思政课程教育相融合，能突出舞蹈课程中隐藏的思想政治教育资源，并以智慧合理的手段让思想政治教育渗透课程教学的各个环节，实现思想政治教育的"入耳、入脑、入心"，让课程思政在学生心中真正着陆。让学生明确舞蹈不仅是动作和风格的组合，还更多地展现了人文素养、历史元素、民族风情等，以舞蹈艺术的魅力引导大学生回顾历史、对照自己，感受艺术赋予人类的精神文明价值，促使"人性回归"的同时实现思想的升华。同时，也能够润物细无声地引导学生对党和国家的认同，进而才能让学生在作品中流露并传达出对党的深切热爱。

本课程主要以川渝地区的舞蹈作品与红色经典舞剧为核心，进行艺术作品的欣赏与分析，同时链接舞蹈剧目排练课程进行实践教学，涉及编创、表演、鉴赏、分析写作，形成"四位一体"的综合创新型课程，这有效地促进了学生全方位的能力培养，导向区域特色人才培养，培养学生的综合能力。学生在这门课程中不仅要提升专业鉴赏能力，同时还需全面协调发展艺术感知能力、理论分析能力，在注重自身创新发展的同时，也要明白如何继承和保护我们民族的特色文化。

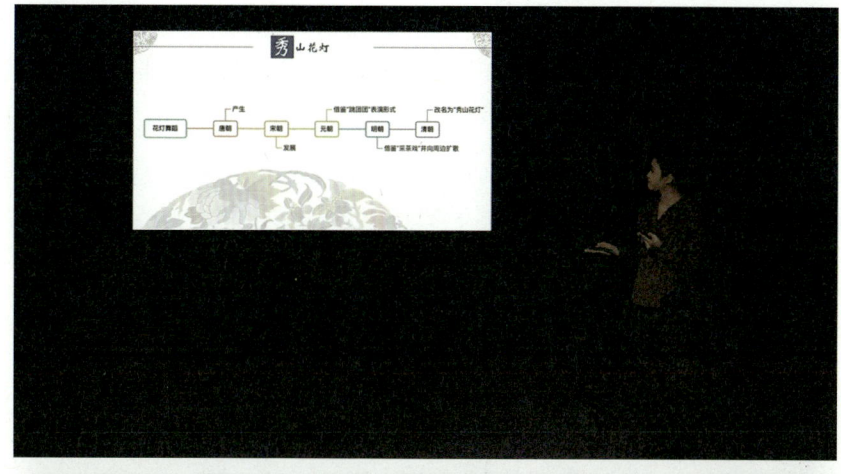

图1 "四位一体"的综合创新型课程

二、课堂教学改革的主要内容

（一）教学基本内容

理论教学部分主要是中国传统风格古典舞作品、巴渝地区民族民间舞与非遗舞蹈、红色经典舞蹈作品、中国当代新创舞蹈发展等4个大的板块，强调以古典舞蹈彰显民族之魂，以此追寻中国传统美学影响下的形、神、律的形体表达；以巴渝地区民族民间舞蹈凸显文化自信，引导学生树立正确的民族认知感，进而产生文化自信；以红色经典舞蹈在价值观方面引导学生，使红色精神深入学生心灵，激发起他们的爱国主义情感；以中国当代新创舞蹈发展引导学生认知自身所学专业定位，了解专业发展态势，进一步探索传统舞蹈文化创造性转化与创新性发展的可能性。

将舞蹈作品欣赏与分析这门纯粹使用理论思维的课程链接并运用在舞蹈剧目的实践排演中，改变之前单一的教学内容，建立由"剧目排演"到"舞蹈作品赏析"再延展至"舞蹈评论写作"，3门既独立又有有机联系的整体课程教学体系，也通过教学要素的重组，使课程内容、知识得到扩充和丰富，有效提高学生的教评能力。

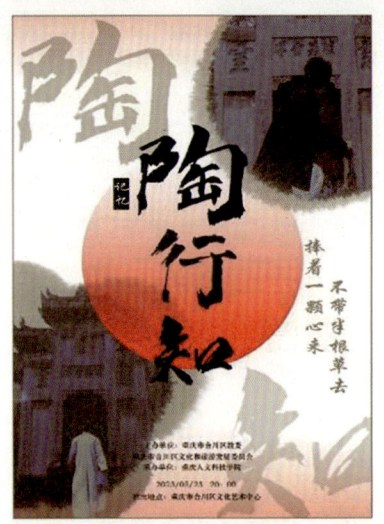

图2 课程思政列入原创作品排演

（二）教学方法

改变传统的教学讲授模式，体现为满堂灌、被动学的方法改变，不再单一地让学生关注经典舞蹈作品的动作风格特色与思想内涵，了解各种舞蹈形式的审美形态，而是以教师讲授教法、理论分析指导为基础，以学生自身实践、理解、运用为中心，实现教学方法的改变。从民族学、人类学等多元化的视角去了解该作品背后所反映的民族文化认同，并在审美教育的基础上，构建专业教育理论与教学技能培养,要求学生进一步了解教案准备、微课制作等课前准备的内容。让学生不仅要学会继承发扬"根"文化,同时通过链接表演与教学实践进行创新发展,反映当下人们的艺术审美追求。

图3 由课堂教学向舞台实践过渡

具体方法如下。

1. 讲授式与启发式相结合的方法

给学生分享本单元欣赏的舞蹈作品相关素材,再次引导学生对于该舞蹈作品的创作背景、文化源头有个基本认知。

图4 启发教学从静态向动态转化

2.案例法与讨论法相结合的方法

提炼经典舞蹈作品中的基本韵律及典型性舞姿,并形成模仿的片段,让学生从肢体上去感受舞蹈的风格特色。

图5　模仿典型舞姿与作品片段

3.实践教学与翻转课堂相结合的方法

对学生进行分组,以小组形式制作微课课件与教案,让其结合所学片段开展教学与表演实践,并邀请小组成员互评。

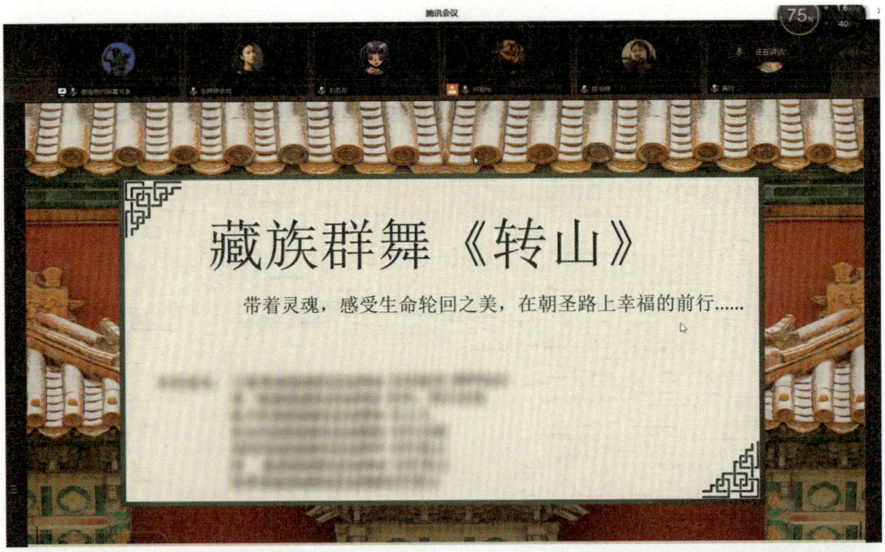
腾讯会议
藏族群舞《转山》
带着灵魂，感受生命轮回之美，在朝圣路上幸福的前行……

《远山不远》
小组成员：
PPT制作：沈陈
PPT演讲：黄小玉
收集资料：何韵怡、向春運、黄玲
舞蹈展示刘若彤、刘声彤、黄玲

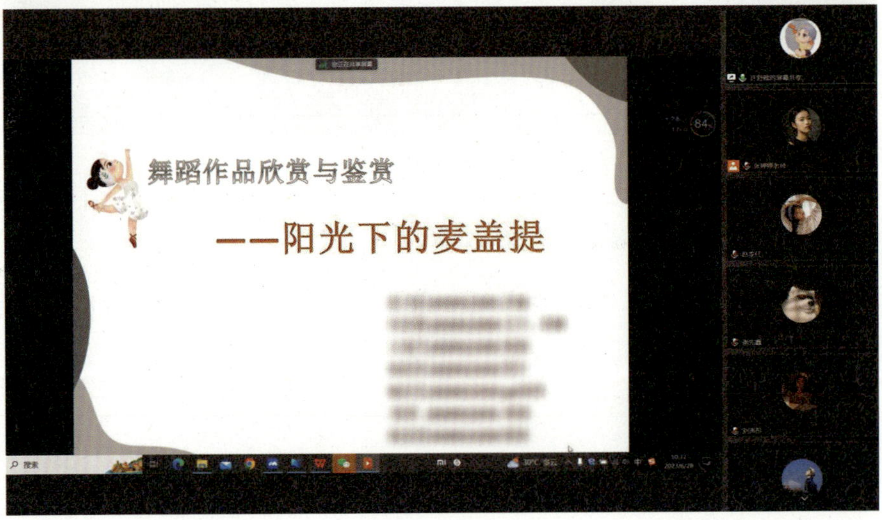
舞蹈作品欣赏与鉴赏
——阳光下的麦盖提

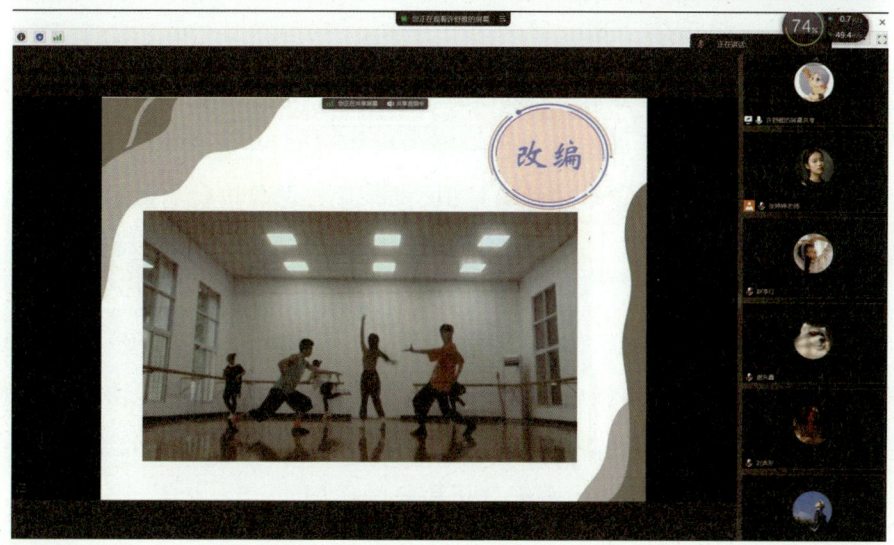

图6 小组成员制作的课件与教案

4. 课后问题导向的方法

学生以课后学习报告的形式对所学单元舞蹈作品与舞剧开展舞蹈评论写作。以此,有效地解决课堂理论与舞台表演实践之间的过渡问题。

(三)评价方式

舞蹈作品欣赏与分析课程的教学评价依然以总结性评价为主,教师在完成教学后对学生的综合素养和能力进行评分,但未能关注学生们的主动学习意识。因此,为了更好、更准确地评价学生,既要考查学生的舞蹈欣赏能力、作品分析能力、舞评写作能力,同时也要结合教学目标增加舞蹈排演、课堂模拟教学等方面的评价项目,进而对学生进行全面评价。在具体评价内容方面,采用过程性自我评价,编制《舞蹈作品欣赏与分析课程自我表现评价表》,学生们可以依据评价表判断自己的课堂表现,继而不断反思自己的问题并持续改进。另外,选用以小组互评为主的形成性评价模式,发挥同伴的教育作用,同时突出学生的个性与差异,培养学生的团队意识及合作能力。

在创新舞蹈学教育应用型人才教学实践方面,开设舞蹈教学实践课程,并通过课堂、课后、课外延伸三大系统,进行实践表演、教学实践和综合能力的培养,极大地调动学生学习课程和参与教学活动的积极性。通过学生相互点评及指导,可以加强学生发现问题的意识,提高学生的综合素质与社会竞争力。

(四)教学手段

1.运用多媒体技术支撑

通过播放当地采风视频,让学生有效地体会经典舞蹈作品以及本地区少数民族居民的精神风貌;播放有关红色舞蹈的视频,让学生了解相关历史,弘扬红色经典主旋律,培养学生的爱国爱党意识,将课堂与思政进行有效融合。

2.反转教学结合板书与电子课件等多种教学手段的有机融合

全面采用现代教学技术,改进教学手段,推动教学信息化建设,使用多媒体教学设备。带动学生参与到电子教学课件的制作中,能够更好地协助学生理解枯燥的教学内容,增强了直观教学和形象教学,有效提升了授课效率及质量,对培养学生的思维水平和动手水平起到了积极的作用。

3.小组讨论,创演教"三位一体"开展启发式教学

观看完相关视频后,让学生分组讨论,阐发自己对于该舞蹈样式和传统民族文化的理解与认知,表达自己对作品人物形象的解读,并通过肢体与情感来有效诠释作品情节,塑造人物形象。教师通过创设问题情景,启发诱导学生思考;需要对人物形象进行不同年龄阶段的情感剖析并启发学生有效地演绎。

影视剧作

课程负责人 | 吴喜梅

一、课程总体教学目标

本课程通过对影视剧作基本理论的讲授，辅以单元式项目型创作实践，使学生了解影视作品前期从创意开发到剧本完成的整个流程；理解影视剧作的基本理论和创作思想，能对剧作（尤其是编剧行业）前沿问题和热点领域进行关注和思考，领悟影视作品在提高文化软实力、塑造和传播国家形象方面的重要作用，激发爱国热情；掌握影视剧作的主要元素和方法，提升文化素养和人文修养，具备团队合作精神，具备影视文学剧本创作的基本技能及一定的创作能力，能够创作出具有思想性、艺术性，符合社会主义主流价值观的影视剧本。

二、课堂教学改革的主要内容

本课程的课堂教学改革遵循"以学生成长为中心，以项目产出为导向，以职业岗位能力培养为核心"的改革建设思路，在深入行业、企业调研，了解行业、企业对影视剧作所对应的职业岗位、职业能力、职业素养要求的基础上，通过对调研结果进行整理、分析，并据此在行业、企业专家的参与下确定并实施本课程的课堂教学改革。

(一)教学内容

重视学生的兴趣开发和实践创作能力的培养与提升。在夯实理论学习的基础上追踪学科最新动态,根据社会和影视传媒业发展的需要,将本课程相关领域的新成果、新现象纳入授课体系;同时设置挑战性任务学习,培养学生批判思维和解决实际问题的能力;力争实现课程内容从理论到创作实践(包含剧本项目策划、剧本创作两大板块)再到创投推广的"拉通式"全覆盖,并深挖课程的思政元素,坚持知识传授与价值引领相结合,构建"理论体系—实践体系—孵化体系"的教学内容体系,积极促成师生教学成果的转化。

具体举措有以下4个。

1. 深挖课程思政元素,落实课程立德树人、价值塑造的作用

强化课程思政建设内容,培养和提升学生"用影像讲好中国故事,传播好中国声音"的能力。如在课程内容中强化对"温暖的现实主义"创作主张的理解,向学生分享体现社会主义核心价值观的新闻人物、新闻事件等,引导学生在生活中发现有正确价值输出和唤起观众情感共振的创作素材,于润物细无声中引导学生树立正确的创作理念。

2. 建立契合影视市场特征和需求的新型剧作教学内容体系

传统影视剧作课程以培养编剧人才为核心,而随着社会和传媒行业的发展,剧作课程对接的岗位领域也在扩大。因此,在教学内容体系中,一方面将影视市场特征、市场需求作为教学过程中的要点,在课程教学中渗透相关市场信息;另一方面,在保持基本剧作元素讲解的基础上,融入叙事学、创意写作、项目策划、短视频内容生产等相关内容。

3. 及时更新和丰富教学案例

重视学生的兴趣开发和实践创作能力的培养与提升,在夯实理论学习基础上追踪学科最新动态,在总体上把握经典与基础理论教学、保持现有教学大纲中教学内容的基础上,将体现影视剧作领域最新的理念、成果、应用(如"奇观电影""元宇宙"概念,"无限流"剧情样式等),融入课程设计中。如将以金鸡百花电影节和FIRST影展为代表的不同性质的电影节(展)中创投单元入围作品作为案例引入理论教学中。

4.体现学科交叉、融合的特点

影视剧作课程承担着为后续实践课程提供创作蓝图的任务,对学生的故事创意能力、文字表达能力和视觉形象转化能力有较高的要求,加之网络短视频的发展,与课程相关的就业领域在扩大,因此,在课程建设中,我们将创意写作和融媒体背景下短视频故事创意与策划融入课程教学体系。

(二)教学方法和手段

基于OBE教学理念,结合课程要求和行业特点,将课程分为理论和实践两部分,深化互动式教学模式,探索"学生主动学,教师引导教,实践体验学"的教学方法体系。

1.互动教学

在课堂理论教学部分,以讲授、讨论、案例分析为主要形式,并适时翻转课堂。翻转课堂的主要形式有课堂测评(以提问、讨论、辩论的方式,提升课程的高阶性,促进学生知识内化)、故事分享(每次课1~2人分享故事创意,作为思维训练和丰富创作素材的有机构成)、场景和人物模拟再现(本课程未涉及外拍实践,为达到翻转课堂的目的,在课程教学中按步骤分阶段进行学生习作部分场景的课堂模拟再现)等,以此增强学生的兴趣。

在单元元素(如故事创意、人物关系构思、不同叙事类型把握、场面设计等)教学中,以分组"头脑风暴"的方式,激发学生学习的主动性。

2.项目和任务驱动

项目和任务驱动主要运用于实践教学环节。如以班级为单位,每班分为3~5组,结合具体的教学内容,进行封闭空间故事练习、道具故事练习、复杂人物设计叙事练习、人物关系创作练习、类型化叙事练习、"作者电影"构思训练等。

在以任务驱动教学的时候,考虑学生的不同特点和优长(比如一些同学擅长故事创意开发,一些同学擅长构置人物关系,一些同学擅长场面设计等),结合项目具体的题材、风格、类型、样式、元素等,设置针对性任务目标,并鼓励学生以团队创作的方式共同参与、发挥优长。

3."两个课堂"教学

对于课程中的基础理论部分,主要在课堂内进行。在课程实践环节,组织学生"走出课堂,深入行业",以实地采风创作、定向性参加创投大会等方式,实现理论与实践相结合、课内与课外相结合。

4.成果转化

教学与行业、企业实践及创投参与对接。对学生的实践作品,邀请业界专家对其进行审看点评,将优秀作品推荐到对口的专业赛事(如剧本大赛、微电影比赛、电影节[展]剧本创投单元等),并与作为该课程后续课程的故事片创作拉通,为学生创作优质短片提供文本基础。

(三)考核方式

课程考核由两部分构成:过程性考核(平时成绩)和期末考核(期末成绩)。

其中,过程性考核占比40%。主要形式有考勤、课堂表现、期中作业、团队项目作业、实践练习等,培养学生的综合素质。

期末考核占比60%。在课程教学的第一学期,期末考核采用闭卷考试的方式,主要考查学生在对剧作基本理论、基本元素、基本观点的把握和理解的基础上,影视故事创意的能力。第二学期,期末考核采用无纸化考试的方式,主要考查学生的实践创作能力和水平。在第二学期的课程考核中,针对学生的不同特点和专长,采用剧本原创(此种形式主要针对在原创性方面有优长的学生)、剧本改编(即:由教师和学生共同确定IP,由学生完成对该IP的影视化改编)、剧作评析(此形式针对有志从事文学策划或剧本医生的学生)等多种形式,充分贯彻"因材施教"的教育理念。

三 · 育人效果

经过以上在教学内容、教学方法和手段、考核方式等多方位的课堂教学改革实施,学生对影视剧作课程产生了浓厚的兴趣,树立了正确的剧作观念,对剧作的核心技能和方法有了好的掌握,其感受力、想象力、共情力、逻辑力,以及团队合作意识明显提高,其爱国热情和综合性的人文艺术素养得到显著提升。在影视剧作Ⅱ的课堂教学中,学生已有了创作剧本、"用影像讲好中国故事,传播好中国声音"的强烈意识和主动性。

目前,本课程已完成了艺术学院院级一流课程的验收,并于2022年立项为校级一流课程。

文艺作品演播

课程负责人 | 张皓月

一、课程总体教学目标

文艺作品演播是播音与主持艺术专业开设的专业基础必修课。通过本课程的学习,使学生理解和掌握朗诵的基本要求及特征,提高有声语言的塑造能力和舞台表现能力,具体掌握各种体裁的文艺作品的朗诵及演播技巧,力求使学生通过学习得到对有声语言表达的艺术性提升,为参赛和拓宽专业出口提供更多基础条件。在思政教育目标上,本课程通过采用大量爱国主义题材的文学作品,加深学生对国家历史的了解,并建立起更强的国家荣誉感和集体荣誉感,且最终树立起浓厚的爱国主义情怀。

二、课堂教学改革的主要内容

作为专业基础课程,当前文艺作品演播的课程点和创新点如下。

(一)渐进性教学内容革新

作为技能提升型课程,文艺作品演播在授课过程中虽然更注重技巧与实践能力的提升,但长久以来,本课程的具体教学内容常根据具体的教材内容进行安排。当前使用得最多的2本教材分别为:《文艺作品演播教程》(罗莉著,北京大学出版社2007年版)和《朗诵实务教程》(王海燕著,中国传媒大学出版社2017年版)。这2本教材虽有较多的技巧性理论知识,但在具体的文稿教学内容方面却过于陈旧。因此,在课程内容的改革方面,本课程把现有教材的技巧性内容和各类新出版的文学作品内容相结合,时实更新训练内容和训练技巧,最终实现贴近市场需求的渐进型教学。

(二)"课上、课下协作式"教学方法改革

目前,国内本科高校大多采用传统的以课堂为主的教育教学模式。这种规整的课堂教学虽然能保证基本的教学效果,但较短的教学时间和有限的课堂实践机会,让大部分学生在课程规定的教学时间内很难有较为明显的能力提升。常年来,在高校教育中被忽视的课外教学和学生课外实践活动,往往能够在教学过程中体现出不俗的效果。由于没有特定的实践时间限制,在课外各种社团专业实践活动中,学生的自主规划和时间安排,往往能使学生的专业实践效果最大化。教学实践也同时表明,学生的专业提高与学生自主的专业实践息息相关,专业能力掌握较好的学生大多都在各类与专业相关的校园社团或实践场所担任要职,并获得充分的专业实践机会。在广泛的学生调查中,几乎所有学生都认为与专业相关的校园社团活动对专业的提高有较为明显的作用,且通过该实践平台的锻炼,学生在综合素质上也会有较大的提高。基于以上的原因和背景,本课程希望基于OBE教学理念,打造出一门在做好课堂教学的同时,又能充分利用与专业相关的学生社团展开适当的课外教学的新型一流课程,希望能通过较为不同的社团活动在课外形成良好的专业学习和专业竞争氛围,从而促使学生的专业成绩在课内课外同步提高。

1.具体改革思路和建设方法

(1)搭建并运行专业社团

为了保证学生课外教学的系统性和专业性,课程开展的关键则是搭建一个全校性的与专业相关的语言艺术社团,并对社团的日常活动和目标进行限定。具体的运作方式为:以专业班级为单位,挑选班级中能力较强的学生作为前期社团主要组织者,专业班级其他成员辅助参与社团的招新、培训、活动策划等实践活动,并最终以该专业班级为核心,组建起初步的专业社团。社团虽是全校性质的,但为了保证与课程结合所取得的效果,该社团需以艺术学院的专业学生为主,虽开放吸纳全校范围内的语言艺术爱好者,但需设置相应的门槛,确保

社团保持小而精的运作。

(2)课程授课方式微调

作为一门老牌专业课,文艺作品演播在长久的课程发展中已经形成了一套较为完善的课程授课体系和考核体系,该授课体系虽然较好地保证了基础教学任务的完成,但更偏理论的教学方式,让学生在朗诵能力上难以获得较明显的提高。社团的课下辅助性训练可以较好地弥补课堂中缺少的实训部分。因此,为了更好地利用课下的社团活动所提供的实践平台,在传统的授课方式上尝试进行以下微调:①教师定期开放少部分实践课堂教学,吸引部分社员听课,以引入专业与非专业的竞争,确保教学中实践部分的竞争性,同时也结合了社员的日常专业培训。②课程考核方式的微调。期末举行校级的朗诵大会,除专业课学生参加以外,邀请部分社团贡献较大的社员参加,或让社团社员以大众评委的形式参与到课程的评价中来。③课程作业方面,可以布置专业课的学生对社团中非专业的社员进行专业培训,既能巩固学生的课堂所学,也能锻炼学生的理论转化能力。

2.改革创新点

(1)"课内+课外,课程+社团"的组合式授课模式

与传统讲授+少量舞台实践的授课模式不同,一方面,本一流课程坚持"课内+课外,课程+社团"的组合形式,改变学生对传统老课的认知;另一方面,由于课下练习和社团实践的保障,学生在课下可以获得大量的实践练习机会,这对增强学生的专业能力有至关重要的作用。此外,由于需要负责社团的管理和运营,学生本身的社交能力、管理能力、协调能力,乃至整个情商都能得到很好的锻炼和提升。课程结束后,可以确保学生的专业能力和社会活动能力得到显著的提高。

(2)共享式、协作式课程运行模式

本课程的模式具有普遍的适应性,主要体现在以下几个方面:①本专业的专业实践课,均可使用此类模式来加强学生的课下练习,如新闻采访与写作、演讲与辩论等。②其他实践性课程也可采用课上+课下社团干预的模式来扩展学生的实践操作,从而保证学生的实践机会。③专业学生社团的专业化运营也可为其他课程服务,如可以让高年级的社团学长辅助低年级的社团成员提高专业成绩,解决专业问题。

(三)实践式、舞台式综合评价方式改革

当前本课程的考核方式主要由两部分构成,即过程考核(平时考核)和课终考核(期末考核)。过程考核方式除包括学生出勤、课堂表现、平时作业、阶段性测验、综合性大作业、团队项目作业等项目之外,还有平常的社团辅助活动积分,包括培训次数积分、培训作品评价积分、社团领导力积分几个方面;课终考核采用实践式的舞台考试方式,即举办一场期末朗诵大会,以竞赛的形式评价并展现学生的学习成果。

1. 具体分值评价方案

总成绩评定:总成绩=过程成绩(平时成绩)40%+课终成绩(期末成绩)60%。

2. 过程成绩评定

(1) 考勤(5%)

课程考勤次数不少于5次,占比不高于总分的5%,可与课堂表现相结合。

(2) 课堂表现(25%)

组织学生对课程内容(融入思政元素)的重点、难点或部分专题内容,以课堂讨论或课堂提问等形式开展师生互动、生生互动,根据学生对相关内容的掌握情况评定成绩。

(3) 平时作业(30%)

以教学内容为基础,融合思政元素,精心设计、适量布置、及时批改,及时反馈学生作业完成情况。

(4) 综合评价(40%)

综合评价由多个项目构成,包括阶段性测验、综合性大作业、团队项目作业、社团培训次数积分、培训作品评价积分、社团领导力等部分构成,评价由授课教师团队共同完成,实现形式丰富的考评分离。

3. 期末成绩评定

以竞赛性质的朗诵大会作为期末的舞台考核内容,学生按作品分组参加,并邀请业内专家作为评委对每个舞台进行评分,取专家平均分作为该组的分数,组内同学分数相同。

剧本片段排演 I

课程负责人｜杨越添

一、课程总体教学目标

剧本片段排演 I 是表演专业课程中的专业核心课，要求学生进一步学习表演技能创作方法，准确地塑造性格特征鲜明的舞台人物形象，明确剧本中人物角色真实情感表达的目的，并用表演创作手段根据剧作家创作剧本的背景，表达剧中人物的性格，再现角色生活的社会情景，引起观众的共鸣与思考。结合学院办学定位，本课程致力于高素质应用型影视舞台表演艺术人才的培养，其具体目标如下。

（一）理论学习能力目标

学生能够系统、明确地分析剧本结构的基本理论知识，进一步丰富和完善知识结构；能熟练掌握舞台人物语言、舞台人物行动目的、角色"性格化"的基础创作技能与创意技能，能够创作出包括不同年代、不同年龄、不同性格、不同形象的舞台人物。

（二）实践创作能力目标

通过本该课程的学习，学生能够树立正确的剧本题材内容的审美意识和分析创作观念，提高对剧作家、剧本、剧本角色形象的审美力、艺术鉴赏力和创作力，能够明确创作意义与提升创造能力。

(三)认知素质目标

学习本课程还可以通过排演红色题材经典剧目,扮演抗战时期背景下、改革开放背景下、中国特色社会主义建设时代下具有民族代表性、社会突出贡献性的人物角色形象,激发学生的爱国热情与民族自豪感,具备"争做人民艺术家"的坚定信念,增强文化素养和人文修养。同时,在思想政治教育资源方面,从《关于深化教育体制机制改革的意见》《教育部关于狠抓新时代全国高等学校本科教育工作会议精神落实的通知》等政策文件中落实,具有丰富的、具体的思想政治教育的资源能够让学生在剧目排演创作练习实践中树立正确的价值观,包括其对国家、历史、社会、制度、艺术、道德和时代等方面的认识。

二、课堂教学改革的主要内容

课程教学内容的设计基于OBE教学理念、产教融合并举,将课程分为理论学习和实践排演两部分。深化课程与教学改革的实效,促成教学特色的形成及教学成果的不断转化。

(一)具体表现

1.以理论教学体系为根本

实现课程内容从理论到实践排练再到汇报展演的"拉通式"全覆盖,并深挖课程的思政元素,坚持专业知识传授与人文艺术审美价值引领相结合,构建"理论体系—实践体系"的教学发展体系。理论知识主要通过讲授、讨论、案例分析、翻转课堂等方式,积极促成师生教学作品的呈现。

2.实践教学体系论证

基于OBE教学理念,结合影视剧、舞台剧行业特点、专业实习课程要求以及企事业单位人才引进需求,在教学中实施分组教学、专业集中外出实践学习、小组合作学习等。实践剧目排演环节,实践内容完全与业界保持一致。实践部分的教学内容主要包括:剧本分析、时代背景下的人物建立、人物形象的内外部特征塑造、表演技能的运用等,旨在激发学生学习和创作的热情。在后续创作和课程设计上增加剧目演出互评板块,增强学生的审美能力、专业认知能力与创作能力。

(二)实施教学组织的3种模式

1.小组合作学习模式

本课程实行分组制教学,将学生分为3~5人/组,分别排演不同类型的剧本,增强学生的自主学习性。除完成规定的教学项目外,让学生在课外根据各组的剧本创作题材,在视频网站、国家级艺术院团微信公众号等网络平台展开自我学习,激发学生的创作热情,产生正确的专业认知。

2.实地参与思政理念学习模式

在本课程开课学期中,结合专业实习的课程,要求学生依托重庆作为"红色"旅游城市的优势,走进党史馆、历史博物馆、抗战纪念馆、烈士纪念馆等场所,深入学习党的历史使命、抗战革命精神、"红岩"精神,坚定社会使命感与社会主义理想信念,更好地创作特定历史背景下的人物形象。

3.汇报展演模式

在期末考试之后进行演出汇报,进行实践展演,并开展创作研讨,使学生增加演出实践经验、明确创作步骤与方式、分享创作经验。

由于本课程专业实践性较强,所以在考核中打破传统固定的考试模式,采用无纸化考试形式,要求学生将学习成果转化为完整的作品。基于OBE教学理念,推动产教融合发展,着重考核表演专业学生的创作技能并加以展现,包括舞台人物语言的表达、角色外部形象的塑造、角色潜台词的明确、对规定情境下表演元素的应用等,让学生学以致用。

在考核方式上,课程考核方式分为过程考核(平时考核)和课终考核(期末考核)。过程考核包括学生出勤(5%)、课堂表现(25%)、项目作业(30%)、实践教学(40%)4个方面。总成绩评定方式为:总成绩=过程成绩×30%+课终成绩×70%。课程比较注重学生的平时表现,尤其是课堂表现中的阶段性测试或项目作业,以及教学实践活动。课终考核采取无纸化的考试方式,具体形式为舞台现场实践演出+提交汇报录像作品。